Para

com votos de paz.

Divaldo Franco
por Diversos Espíritos

Depoimentos Vivos

Organizado por
Nilson de Souza Pereira

Salvador
5. ed. – 2019

© (1975) Centro Espírita Caminho da Redenção – Salvador, BA.
5. ed. – (1ª reimpressão) – 2019
500 exemplares – (milheiros: 27.000)

Revisão: Manoelita Rocha / Luciano de Castilho Urpia
Editoração eletrônica: Lívia Maria Costa Sousa
Capa: Cláudio Urpia
Coordenação editorial: Luciano de Castilho Urpia
Produção gráfica:
LIVRARIA ESPÍRITA ALVORADA EDITORA
Telefone: (71) 3409-8312/13 – Salvador, BA
Homepage: <www.mansaodocaminho.com.br>
E-mail: <leal@mansaodocaminho.com.br>

Dados Internacionais de Catalogação na Publicação (CIP)
(Catalogação na fonte)
Biblioteca Joanna de Ângelis

F825
FRANCO, Divaldo Pereira.
Depoimentos vivos. 5. ed. / Por Diversos Espíritos [psicografado por] Divaldo Pereira Franco. Organizado por Nilson de Souza Pereira. Salvador: LEAL, 2019.
216 p.
ISBN: 978-85-7347-170-0
1. Espiritismo 2. Psicografia 3. Mediunidade
I. Franco, Divaldo II. Título
CDD: 133.93

DIREITOS RESERVADOS: todos os direitos de reprodução, cópia, comunicação ao público e exploração econômica desta obra estão reservados, única e exclusivamente, para o Centro Espírita Caminho da Redenção. Proibida a sua reprodução parcial ou total, por qualquer meio, sem expressa autorização, nos termos da Lei 9.610/98.

Impresso no Brasil
Prezita en Brazilo

Sumário

Nota explicativa – Nilson de Souza Pereira..................7
Depoimentos vivos – Joanna de Ângelis..................11
1 Total solidariedade na dor – João Cléofas..................15
2 Sexo e escravidão – Evaristo Nepomuceno..................17
3 Vem, hoje – João Cléofas..................21
4 A inveja – P. M...................23
5 Reagentes mentais – João Cléofas..................27
6 Depoimento – A. Marques..................29
7 Oportunidade de serviço – João Cléofas..................35
8 Brado de alerta – João..................37
9 Turbar o coração – João Cléofas..................41
10 Compreendamos para ajudar – Frei Fabiano de Cristo.....43
11 Prisão de remorso – José E. G...................47
12 Suicida – Anônima..................53
13 Consolador prometido – Hugo Reis..................59
14 Confissão-apelo – Artur Marcos..................63
15 Mediunidade socorrista – João Cléofas..................69
16 Narração da alma – Cristina Fagundes Rabelo..........71
17 A calúnia – Belarmino Eleutério dos Santos..............77
18 Vivência espírita – Bezerra de Menezes..................83
19 Apelo às mães – Marta da Anunciação..................87
20 Propaganda e divulgação espírita – Abdias Antônio de Oliveira..................91
21 Resgate – Firmina..................95
22 Plegária – Marco Prisco..................101
23 A grande usina – E. L...................103

24 Problemas e Doutrina Espírita – Arthur de Souza Figueiredo...........107
25 Consciência livre – Colombino Augusto de Bastos..111
26 Carta à mamãezinha – Robertinho............115
27 Carta do Além – Antero............119
28 Compromisso espírita – Eurípedes Barsanulfo..........123
29 Chamamento à reflexão – João Mateus............127
30 Exortação – Ignotus............133
31 Mediunidade e obsessão – Ananias Rebelo............137
32 Amarga experiência – H.............139
33 O desastre – Ignotus............145
34 Evangelizadores – Amélia Rodrigues............149
35 A nova revelação – Lindolpho Campos............153
36 Crime e reabilitação – Felipe Benavides............157
37 Conduta diante do Espiritismo – Júlio David............161
38 Ode à paz – Flannagan............165
39 Restauração desde agora – Pedro Richard............167
40 Crença e conduta – Ovídio............171
41 Missiva de mãe – Anália Franco............177
42 Em prece – Ivon Costa............181
43 Dificuldades e pedras – Frei Francisco d'Ávila............183
44 Fuga e realidade – Cândida Maria............185
45 Preces – Amélia Rodrigues............189
46 Diante do trabalho – João Cléofas............193
47 Alegria – Alfredo Mercês............195
48 Inimigos e nós – João Cléofas............197
49 Técnicas e Espiritismo – Camilo Chaves............201
50 Na desobsessão – Manoel Philomeno de Miranda.....207

Nota Explicativa

Desde 1947, quando foi fundado o Centro Espírita Caminho da Redenção, nesta cidade, que participamos das suas múltiplas atividades.

Convidado para o ministério difícil de dirigente das reuniões mediúnicas, em que sempre participou Divaldo Franco, embora reconhecendo as limitações que ainda nos são peculiares, após demorada reflexão, aceitamos a responsabilidade, objetivando maior aprendizagem, melhor amadurecimento espiritual e mais ampla oportunidade de serviço.

Nesses vinte e sete anos de abençoado labor, constatamos, cada vez mais, o quanto necessitamos para o elevado cometimento.

Ensinos preciosos têm-nos chegado às províncias da alma incessantemente.

Amigos espirituais, que são nossos abnegados instrutores, ao lado dos irmãos em padecimento, que nos são trazidos ao esclarecimento, fazem-nos aprender a insofismável metodologia do amor aplicável ao dia a dia da existência, conforme a diretriz evangélica.

Desde há mais de uma vintena de anos, por sugestão dos mentores espirituais, vimos gravando parte das reuniões ou especificamente as comunicações que nos são recomendadas.

Posteriormente, nós mesmo as trasladamos para o papel e, após revisadas pelo autor ou pela querida benfeitora Joanna de Ângelis, são datilografadas e arquivadas.

Outrossim, ao termo das reuniões, vez que outra, ocorre a psicografia de uma mensagem contendo instruções e diretrizes que também arquivamos.

Recentemente a abnegada diretora espiritual de nossa Casa sugeriu que separássemos algumas das mensagens psicofônicas e psicográficas recebidas nessas sessões de desobsessão, a fim de serem reunidas em um volume, do que resulta a presente obra.

No início de cada reunião, o venerando Espírito João Cléofas oferece-nos, por psicofonia, oportunas instruções, algumas das quais aqui enfeixadas, conforme o leitor constatará, orientando-nos quanto ao labor a desenvolver.

Algumas Entidades não se fizeram identificar e outras, por motivos perfeitamente compreensíveis, tiveram a identificação suprimida, uma vez que se encontravam em sofrimento...

As mensagens não estão colocadas em ordem cronológica, quanto à data do registro, obedecendo ao critério da nossa amada Joanna de Ângelis, que as revisou todas, fazendo algumas alterações na forma, sem qualquer prejuízo para o conteúdo.

Cada Entidade se caracterizou, especificamente, por expressões, modismos, apresentação própria.

Os irmãos em sofrimento sempre nos sensibilizaram, graças aos fenômenos de transfiguração ocorridos amiúde com o médium, na voz, na face, nos gestos, traduzindo o estado íntimo de cada um.

As suas dores e angústias, surpresas ante a morte e alucinações, perfeitamente filtradas pela sensibilidade mediúnica de Divaldo Franco, não poucas vezes nos conduziram às lágrimas, por constatar as realidades do Além-túmulo tão bem refletidas diante de nós...

Allan Kardec escreveu, na Introdução de O Evangelho segundo o Espiritismo, *no Item II – Autoridade da Doutrina Espírita – Controle universal do ensino dos Espíritos:* Uma só garantia séria existe para o ensino dos Espíritos: a concordância que haja entre as revelações que eles façam espontaneamente, servindo-se de grande número de médiuns estranhos uns aos outros e em vários lugares.[1]

É emocionante comprovar que as revelações que sempre nos chegaram foram, posterior ou simultaneamente, confirmadas, ocorrendo elas com um grande número de médiuns estranhos uns aos outros e em vários lugares, conforme registado em diversas obras respeitáveis, que ora refertam a bibliografia espírita.

Acompanhamos em sucessivas sessões o progresso, a renovação íntima dos encaminhados à enfermagem espiritual, até quando seguiam novo rumo, atendendo aos impositivos das suas necessidades evolutivas.

De todos esses anos de estudos e ação no ministério socorrista, através do exercício como médium doutrinador em nossos serviços de desobsessão, somente podemos agradecer ao Senhor Jesus e aos nobres amigos espirituais a honra que reconhecemos não merecer, enquanto suplicamos ajuda para prosseguir.

Colocando esta obra em suas mãos, caro leitor, oramos pelo seu aproveitamento, na certeza dos benefícios morais e espirituais que esses ensinos lhe ofertarão.

Salvador, 30 de dezembro de 1974.
NILSON DE SOUZA PEREIRA

---

1. 52ª edição da FEB (nota do organizador).

DEPOIMENTOS VIVOS

Retornam alguns irmãos nossos que atravessaram o portal do túmulo, a fim de apresentarem seus depoimentos vivos.

Cada um retrata a experiência feliz ou desditosa de que foi objeto na Esfera espiritual.

Alguns, que foram colhidos pelas surpresas, narram os sucessos em que se viram envolvidos, lutando tenazmente por se manterem na anestesia da ignorância e da sombra, não obstante a aurora convidativa da realidade que os envolvia.

Outros supuseram enganar o próximo e fugir à sanção da Justiça, precipitando-se pelo país da consciência livre, onde os painéis circunjacentes são elaborados pelos que o povoam.

Diversos vinculavam-se às religiões, afirmavam possuir crença em Deus e na imortalidade, no entanto, tornaram-se vítimas espontâneas da incredulidade e do pavor ante a morte...

Uns acalentaram o nada para depois da sepultura e defrontaram a vida estuante.

Outros aguardavam tributos e glórias vãos e se viram de mãos vazias de feitos e corações enregelados pela indiferença que cultuaram.

Espíritos fiéis e devotados, aclimatados às realizações de enobrecimento, emolduraram-se de paz e dita, retornando a louvar e bendizer a vida.

A morte a ninguém engana.

Ninguém se engana após a morte.

Morrer é o desvelar de acontecimentos num cinematógrafo especial, com mecanismos que atuam automaticamente na consciência de cada criatura.

✦

Os depoimentos que se irão ler foram narrados com as emoções da vida, fixados com vigor no cerne do ser espiritual dos expositores que retrataram com fidelidade o que viviam...

Não trazem, é certo, revelações novas nem informações retumbantes sobre a vida no Além-túmulo. Nem esse foi o nosso propósito quando os trouxemos aos labores mediúnicos de socorro em nossa Casa. [2]

Não nos emulou a presunção de proceder a narrações bombásticas ou provocar estupor, gerando receios nas mentes menos afeitas a este gênero literário que a vida compõe.

Pensamos em alertar os invigilantes, recordando fatos já conhecidos e trazendo a lume outra vez lições que vão sendo esquecidas, utilizando-nos das experiências daqueles que se enganaram, a fim de recordar aos que creem na Vida a necessidade de se manterem vigilantes e atuantes no bem.

A morte não discrepa, não elege, não exime ninguém. A pouco e pouco traz de volta os que partiram na direção da Terra em aprendizado e recuperação.

---

2. Centro Espírita Caminho da Redenção, em Salvador, Bahia (nota da autora espiritual).

Mensageira fiel, recolhe todos e os situa nos seus devidos lugares, mediante as Leis de Afinidade e de Sintonia que nos ligam uns aos outros e nos reúnem nas múltiplas moradas da Casa do Pai.

Histórias que são clichês vivos trazem particular contribuição para quem tem olhos de ver e procura entender.

Nestes depoimentos, expressamos a gratidão dos que nos encontramos deste lado da vida, enviando advertências e consolos, esperanças e sustentação àqueles que, inobstante hoje se encontrarem na Terra, oportunamente voltarão para cá, participando conosco dos cometimentos imperecíveis.

Salvador, 25 de dezembro de 1974.

JOANNA DE ÂNGELIS

1

TOTAL SOLIDARIEDADE NA DOR

Exigência nenhuma. Solidariedade total. Não se quer dizer que o desequilíbrio e o desgoverno das emoções nos dirijam os passos na senda do serviço a edificar. Também não se pretende que a austeridade contumaz e impiedosa dilacere a intimidade das aspirações daqueles que chegam tumultuados, esperando socorro da nossa generosidade.

Nem a palavra rude que contunde, traduzida como impropério e azedume, nem o verbo enflorescido e melífluo com que se pretende adocicar o erro e a mentira de modo a fugir ao dever da retificação.

Consubstanciando os ensinos do Cristo no ato do serviço que estamos desdobrando junto aos desencarnados, mantenhamos a nossa condição imperturbável de trabalhadores conscientes que nos candidatamos à restauração do bem junto aos que sofrem mais do que nós.

Alguns dos que nos visitam jazem imantados aos despojos carnais em que ainda fossilizam...

Diversos deles padecem na constrição ideoplástica das evocações do momento final da desencarnação, de que não se libertaram...

Um sem-número experimenta a presença do remorso tardio e do arrependimento injustificável, trazendo nas telas mentais os quadros aflitivos que a consciência não liberou.

Este é alguém que despertou muito tarde para a realidade da vida.

Aquele, atenazado pelo ciúme ou pela inveja, mortificado pelo ódio ou pela desesperação, debate-se a soçobrar nas águas da própria impiedade.

Esse, enganou a todos, mas em verdade somente a si próprio se enganou e ainda não se encontrou consigo mesmo.

Essoutro, sufocando as paixões que disfarçava, agora acorda no *mar* tumultuado das angústias que transferiu em tempo e em lugar...

Todos, porém, são nossos irmãos, reconvidados à verdade sem as condições da consciência lúcida e do equilíbrio, necessários para a paz.

Nenhuma exigência.

Solidariedade total.

A palavra de Jesus como roteiro e a lição viva do nosso exemplo como lâmpada acesa, a fim de que vejam em nós a carta do Evangelho falando a palavra de Vida eterna com que se luarizem e acalmem, que os despertem e conduzam, daqui sendo trasladados para as diversas estâncias de refazimento e de renovação, mais além...

Dia chegará em que todos vós vos encontrareis despidos da armadura carnal no banquete da Era melhor, junto a nós outros como irmãos que devemos ser desde hoje, sem as ilusões que envilecem nem as presunções que entorpecem o ideal da vida. Portanto, solidariedade total.

JOÃO CLÉOFAS

2

SEXO E ESCRAVIDÃO

Sofro muito. Fui e sou vítima do sexo, apologista do amor livre assim como da insensatez. Não há como descrever o que me martiriza, o que me exaure.

As datas me são imprecisas. Sei que pago o preço das dissipações e aqui venho, por misericórdia, banhar-me um pouco em forças magnéticas para restabelecer o meu equilíbrio.

Usei até a exaustão a mente e o corpo na concupiscência devastadora. Vivi como servo de apetites, os mais vis, que me entenebreceram e prosseguem escravizando-me.

Não sei como se deu a minha morte. Acordei no meio de sombras densas, respirando com infinita dificuldade, vilipendiado e achincalhado por um auditório da mais baixa categoria. Dei-me conta de que enlouqueceria, e, no entanto, aquilo era apenas o começo da minha nova jornada.

Homem vaidoso, zeloso da aparência, consciente do magnetismo e da atração que possuía, senti-me putrefato, com os trajos orgânicos decompostos, cabelos alongados e barba abundante, sujos, e nauseante, pegajoso, pela decomposição cadavérica, e, sobretudo, animalizado pela insídia de perseguidores implacáveis, que, só mais tarde vim a saber, utilizavam-se de mim para o ímpio jogo da sensualidade...

Não sei quanto tempo os padeci, tão nefasta era a minha perturbação. O organismo de que eu supunha libertar-me não me deixou livre de tudo. A morte não se dera – acreditei, em delírio –, perdera somente a constituição física, enquanto carregava as sensações fisiológicas.

Ninguém pode supor o que seja a ardência de uma volúpia devastadora, sem termo e sem lenimento.

Simultaneamente às indagações das pessoas a quem impedi de serem felizes, as de quem abusei, as lágrimas que derramavam pareciam-me gotas de aço derretido que me alcançavam em forma de remorso incessante, a queimar-me por dentro.

Apelos insensatos de antigos comparsas, a mim ligados pelas recordações pecaminosas, laceravam-me, exaurindo-me. Tudo isso adicionado à angústia da frustração tornava-se dores as mais acerbas que me asfixiavam sem aniquilar e me destruíam sem apagar a consciência.

Ando mergulhado num oxigênio denso e desagradável, pestilento e comburente. Ébrio, depauperado, miserável, acoimado pelo arrependimento, perseguido pelos antigos usurpadores das minhas forças e atraído pelas viciações que ainda me jugulam ao corpo já desaparecido, tentei muitas vezes erguer na sepultura a forma cadaverizada e podre, segurando as carnes a se desfazerem, levantando a ossatura, a fim de evadir-me do cemitério, inutilmente.

Busquei socorro, gritei, chamei por todos, exorei compaixão, e a minha voz não ecoava: só o remorso de tudo que fiz me alucinava sem cessar.

A cegueira, a ilusão que passaram eram a presença truanesca que experimentava e ainda possuo...

Depoimentos vivos

Tudo que desperdiçamos, o mal que inspiramos, o enlanguescimento que impomos, o comércio mental que estabelecemos tornam-se algemas de ferro a que nos submeteremos sem fuga de espécie alguma...
Sofro, enganando, pois só a mim mesmo enganei. Sedutor, pecaminoso, não me libertei da luxúria em que me decompus.
Sou uma sombra desalentada, aqui trazida para suplicar piedade e socorro, e deixar com a minha dorida lição a experiência para que ninguém engane a ninguém, nem cultive espinhos, porque, desgraçadamente, podemos fugir de tudo e de todos, não do que somos e do que fazemos...
Não posso continuar.
Que Deus se amerceie dos que enlouqueceram e fazem enlouquecer pelo sexo!

EVARISTO NEPOMUCENO

3

VEM, HOJE

O convite do Senhor é claro e vazado em termos de síntese: *"Vem hoje trabalhar na minha Vinha!"*.
De forma impositiva, a ilustração do Mestre determina tempo e local de ação.

Não deixa condicional liberativa, nem faculta uma porta de evasão para a irresponsabilidade.

De maneira incisiva, apresenta a necessidade redentora em termos finalistas.

Não abre ensancha a divagações que permitam a transferência, tampouco enseja ao discípulo a oportunidade de adiar o compromisso.

Hoje é a medida de tempo em que se está vivendo.

Nem ontem – hoje passado –, nem amanhã – hoje porvindouro.

Equivale a dizer agora, porquanto ontem é a oportunidade que foi, e amanhã, talvez, não seja alcançado nas mesmas circunstâncias, com as características azadas dentro dos recursos próprios para a realização do cometimento.

Há tempo, em razão disso, para semear, como há oportunidade para colher.

Hoje, na Vinha do Senhor, é o imperativo para que produzamos no bem, a fim de que, no futuro, possamos recolher na messe da luz a contribuição da claridade que esparzimos.

Nesse sentido, o apelo do Mestre determina, também, o campo do trabalho.

Nem a esfera da divagação filosófica, nem o campo da investigação científica incessante, nem a contemplação religiosa fantasista da adoração inoperante.

A Sua Vinha são as dores do mundo, os tormentos e percalços, os mananciais de lágrimas e os rios de sofrimento... Refletir filosofando, perquirir examinando, para crer ajudando.

"Vem hoje trabalhar na minha Vinha", ainda é apelo para nós, dos mais veementes e concisos.

Eis um ângulo da Vinha do Senhor no qual somente os afervorados discípulos dispõem-se a trabalhar: o inadiável socorro aos irmãos desencarnados em aflição pelo contributo do intercâmbio mediúnico. Ante eles, nem o azedume do fastio emocional, nem a prepotência da vaidade humana, tampouco a imposição do desequilíbrio.

A palavra de ordem, o roteiro de fé e a compreensão fraterna do trabalhador que, na Vinha do Senhor, não tem outra meta senão ajudar, a fim de ajudar-se, eficazmente, porquanto amanhã estará, também, transitando pelos mesmos caminhos.

João Cléofas

4

A INVEJA

Rogo a proteção Divina para todos nós e mais particularmente para mim, necessitado que sou.

Já conheceis muitos depoimentos, daqueles que retornam do Além-túmulo para confessar-se, objetivando instruir-vos nas diretrizes da Vida espiritual.

Hoje sereis surpreendidos por uma narração que fugirá, certamente, à craveira habitual. Desejo reportar-me à inveja – essa arma insidiosa de que se utilizam os fracos.

A inveja é a matriz de inúmeros males, mentora de muitas desordens, alicerce de incontáveis desventuras.

Discreta, incomodamente, tem sido deixada à margem pelos expositores das verdades evangélicas. Sutil como é, passa despercebida, embora maliciosa, comparável a vapor deletério que intoxica todo aquele que lhe padece a presença, espalhando miasma em derredor.

Hábil, consegue travestir-se de ciúme exacerbado, quando não o faz como arrogância vingadora ou aparenta na condição de humildade, sempre perniciosa, ou se disfarça como orgulho prepotente.

A inveja, além dos males psíquicos que produz, em razão dos pensamentos negativos que dirige contra outrem, proporciona, simultaneamente, graves prejuízos morais àquele que dela se empesta.

A inveja é capaz de caluniar, investindo contra uma vida com uma frase dúbia, na qual consegue infamar o mais puro caráter. Soez, transmuda palavras e infiltra doestos perniciosos; vê o que lhe apraz e realiza conforme lhe parece lucrar.

Consequentemente, o invejoso é um peso infeliz na comunidade humana, porque débil moral, adapta-se, amolda-se, é venenoso na bajulação e terrível na agressividade...

Posso falar com muita autoridade sobre o assunto, porque tenho sido o protótipo vítima da inveja que cultivei, desde quando na Terra...

Espírito infeliz, egoísta, a minha vida foi assinalada por largos voos da inveja, do despeito e da malquerença. Ególatra, procurava superar os valores alheios através da ambição desmedida, sempre encontrando o de que invejar. Ao atingir as praias da Vida espiritual, surpreendendo-me com uma consciência pesada pela carga de mil loucuras, numa vida completamente perdida, fui colhido pela rede da minha própria loucura: a inveja!

Nas primeiras vezes em que aqui estive, ao ver-vos, ao acompanhar o desdobramento da obra de caridade cristã e dedicação evangélica, em vez de permitir-me tocar o Espírito insensível, mais me açularam as qualidades negativas, fazendo-me odiar-vos.

A arma do invejoso é o ódio desenfreado, mortífero. Na impossibilidade de valorizar o trabalho que fazeis em nome de Jesus, procurei inspirar em muitos o despeito e a mágoa, a raiva e a imponderação, a palavra ácida e a acusação mordaz, a fim de realizar-me e afligir-vos.[3]

A alma generosa que vos comanda, pacientemente me lecionou as palavras austeras e nobres da humildade e do amor.[4] Devotadamente, fez-me matricular na escola do otimismo e facultou-me o material da esperança com que eu pudesse modificar a ondulação defeituosa das minhas observações odientas.

Não tem sido fácil esta tarefa de reeducação. Aqui tenho aprendido lições que me hão valido muito; desprendimentos de uns, simplicidade de outros, confiança de muitos e, não obstante a deficiência que há em cada um, sempre menor do que as minhas imensas mazelas, com todos venho aprendendo a respeitar, porquanto o invejoso não considera ninguém, padecendo despeito de todos, a todos apedrejando, maldizendo...

Estou no exercício para querer estimar, conseguir amizade e plantar no coração o que muitos chamam amor, mas que ao ególatra constitui um fardo pesado, tenebroso, difícil de carregar.

Sim, o Espírito invejoso – percebo que do lado de cá há muitas vítimas dessa epidemia moral – odeia, persegue, porque, tendo ciúme da felicidade alheia, corrói-se pela inveja da felicidade dos demais.

---

3. Muitos incidentes infelizes, que ocorrem em incontáveis instituições de beneficência, têm origem no Mundo espiritual e são-nos permitidos pelos mentores desencarnados a fim de nos facultarem o treino e o exercício nas virtudes cristãs.
4. A Entidade refere-se ao Espírito Joanna de Ângelis, abnegada instrutora da nossa Casa (notas do organizador).

Acautelai-vos contra eles, orai por eles, ponde-vos vigilantes em relação a eles. Os que apresentam recalques entre os homens, os que cultivam complexos de inferioridade, no fundo são Espíritos invejosos, malévolos, insidiosos, infelizes, pois somente quem é desventurado se compraz na desventura alheia...

Com estas minhas palavras, que talvez vos surpreendam – saberdes que éreis odiados por alguém que vos invejava a esperança, a alegria do trabalho –, eu desejo que me perdoeis, mas rogo que vos acauteleis, porque os desencarnados, como dizeis, são as almas dos homens da Terra, e, aqui, cada um continua totalmente como era, apenas desprovido das manifestações fisiológicas que cessaram na tumba.

[...] E espalhai a largueza da generosidade, difundi a amplitude da gentileza, ampliai os horizontes imensos da caridade, porque as mãos que esparzem rosas sempre ficam impregnadas de perfume... Como é ditoso oferecer-se rosas, muito melhor seria tirar-lhes, também, os espinhos, como os cardos do caminho por onde transitam incautos pés.

Que Deus vos abençoe e se apiede dos invejosos!

P. M.

5

REAGENTES MENTAIS

A sala mediúnica é, também, laboratório de experiências transcendentais e socorros espirituais. Utilizemo-nos dos componentes da reação moral elevada contra os invasores microbicidas das regiões inferiores da vida...

Vibriões elaborados por mentes viciosas, corpos estranhos produzidos por Entidades perversas, ideoplastias formuladas por fixações negativas constituem fantasmas perturbadores que invadem a esfera do serviço, muitas vezes impossibilitando as realizações nobilitantes do trabalho.

Se usarmos para o labor asséptico a prece eficiente, o pensamento bem dirigido e otimista, em relação ao dever retamente cumprido, a reflexão salutar em torno dos objetivos sagrados da vida, a meditação repetitiva que nos traz um estado de êxtase, facultando que nas *praias* do Espírito aportem as embarcações da esperança, estaremos oferecendo reagentes capazes de produzir efeito superior, em nosso campo de edificações com o Cristo.

Em qualquer ambiente em que se procedem a tais experiências vitais, o contágio desta ou daquela natureza, seja no campo da inoculação de *formas vivas* perniciosas à existência, seja na exteriorização deletéria de pensamentos destrutivos, consegue danificar os mais respeitáveis programas, desde que nos não encontremos devidamente forrados para investir nesse campo árduo, fomentando as produções relevantes.

Assim, a sala mediúnica não é apenas o ambiente cirúrgico para realizações de longo curso no cerne do perispírito dos encarnados como dos desencarnados, mas também o campo experimental de adaptações em que se plasmam retornos à atividade, em que se anulam fixações mentais que produzem danos profundos nas tecelagens sensíveis do Espírito. Igualmente é o abençoado lugar em que o Mestre Divino estagia como responsável pela manipulação de novas produções do amor.

Cuidemos, portanto, da mente com o mesmo labor que o cinzel trabalha o diamante para refletir a luz, a fim de podermos sintonizar com a Divina Luz do Céu, transformando a dureza dos corações que nos visitam em perturbação espiritual em formosas construções do bem operante, a favor de todos nós.

João Cléofas

6

DEPOIMENTO

A paz de Deus seja convosco! Não estou afeito a este tipo de comunicação. Amparado, no entanto, conquanto a mente algo perturbada, aquiesço com prazer em fazer este meu depoimento.

Quando o enfarte do miocárdio me surpreendeu em plena atividade, atravessando uma rua, a minha sensação em forma de dor foi indescritível. Tive a impressão de que as coronárias se arrebentavam de dentro para fora, ao impacto de muitas lâminas que as dilaceravam simultaneamente.

Levei a mão ao peito e, de repente, uma onda de dor, numa sucessão em cadeia, ininterrupta, subiu-me ao cérebro, fazendo-me cair num vágado inenarrável. Não tive noção de mais nada. Ao despertar, possuído pelas sensações dolorosas no peito e com uma cefalalgia atormentante, percebi estar internado numa Casa de Saúde, devidamente assistido por hábeis facultativos e enfermeiros.

Só mais tarde, a pouco e pouco, apercebi-me de que era aquela uma estranha Casa de recuperação de energias. Nada havia ali de sombrio ou tétrico, que me fizesse recordar a simbologia mortuária típica da vida na Terra.

Notei de imediato algumas diferenças em mim e em volta de mim, especialmente a ausência da esposa e dos filhos que de forma alguma me visitavam.

Inteirado por etapas sobre o ocorrido, entre surpreso e sofredor na realidade nova, constatei que aquele golpe no meu organismo me ceifara a vida física.

Não há palavras que possam expressar a angústia de alguém que foi colhido pela morte, quando só pensava na vida e constatar, no entanto, que a morte é verdadeiramente a vida...

Sentia-me tão real na estrutura orgânica nova como ocorria quando na Terra. Dúvidas cruéis assaltavam-me, então, já que do vestuário ao leito acolhedor, do teto à alimentação refazente, do medicamento às necessidades de ordem múltipla, tudo, tudo me fazia recordar uma estância que estivesse afastada da urbe, com as condições inerentes à vida na Terra.

Sem dúvida, era uma Instituição de alta Espiritualidade, superior a quanto eu conhecera até ali, sem misticismo vão nem falsas manifestações religiosas...

Militante que fora na Igreja Batista... ligado à incumbência do público como pastor, surpreendi-me em verificar que ali estavam pessoas como eu, de diferentes denominações religiosas.

Inquieto, a princípio, fui paulatinamente me assenhoreando da realidade da Vida espiritual, de começo dolorosa para mim que, ligado aos dogmas da letra bíblica, olvidara que a "fé sem obras é inoperante", consoante a palavra do apóstolo Tiago, e que a obra da caridade a que se refere o heroico discípulo de Jesus começa em cada um

Depoimentos vivos

para consigo mesmo, espraiando-se como luz para a família e logo após para a comunidade universal...

Acostumado à bitola da intolerância dos conceitos fechados, tenho sofrido muito, experimentando imensa amargura por estar habituado a raciocínios breves, sem alcances transcendentais. Benfeitores generosos me falam da esperança e sinto-a distante... Falam-me do amor e experimento aflição.

Verifico, agora, que as religiões, nas quais fiz os meus primeiros ensaios espirituais, encontram-se muito longe da realidade imortalista.

Se a limitação dogmática da Igreja Romana constitui terrível ferrete para o fiel, a intolerância de quem se aferra à letra evangélica, qual ocorre aos *crentes* como eu fui, não se faz menor nem menos dolorido aguilhão na consciência desperta...

Pouco afeito aos voos espirituais, debati-me muito e ainda me debato nos tormentos que me caracterizam, incipiente como sou, uma vez que fui colhido pela realidade feraz.

Faz-se-me de difícil elucidação, por enquanto, o problema do *morto-vivo*, em considerando a necessidade de falar aos *vivos-mortos* da Terra, acostumado como estive à indumentária carnal que agora se me afigura um escafandro que dificulta a locomoção enquanto usada. Tenho-me aturdido com o *corpo espiritual* pelo descostume de acioná-lo, embora a sua similitude com a organização física da qual me liberei com o golpe do miocárdio...

A fé que latejava em meu Espírito estava longe de ser autêntica, sendo, antes, uma fixação fanática, pois que, em vez de me clarear os horizontes do espírito, me limitava no impositivo literal das afirmações proféticas e messiânicas, sem a consequente incorporação às minhas paisagens meditativas...

Se dado me fosse volver – oh, se pudesse recomeçar! –, envidaria esforços por adentrar-me em cogitações religiosas que me dilatassem os painéis da vida do Espírito, informando-me quanto à realidade da Vida após o corpo mortal.

Sinto dificuldades, sim, de traduzir de um só jato tudo quanto me ocorreu nestes 16 meses após o túmulo, e não poderia fazê-lo com a serenidade necessária...[5]

Participo atualmente de aulas vivas em laboratório de avançada concepção audiovisual para adestrar-me na Vida nova, adquirindo a mobilidade necessária à minha existência atual.

Por essa forma, fui esclarecido de que o Espiritismo, longe de ser o nefando instrumento de forças demoníacas organizadas para desagregarem o Cristianismo na Terra, como eu supunha, é, antes, a atualização tecnicamente apresentada das lições apostólicas do Cristo para a compreensão moderna da mentalidade humana.

Relativamente informado já quanto aos seus postulados essenciais – vencida a ojeriza mantida por anos a fio –, verifico que o *intercâmbio,* proibido por Moisés, revela-se legítimo e autêntico, valendo aquela proibição como um estatuto de equilíbrio para impedir o abuso, desde que a mudança de indumentária da vida física para a espiritual não altera a intimidade de quem foi transferido de um plano para outro no cosmo.

---

5. Refere-se ao período entre a data da desencarnação e a que ditou a presente mensagem (nota do organizador).

[...] E me deslumbro, emocionado, ante as perspectivas que se me desenham para o futuro, ensejando-me e a todos nós, Espíritos falidos, a oportunidade de recomeçar e de reaprender, já que o inferno e o céu não se encontram encravados em determinada localização geográfica, sendo, antes, estados conscienciais que conduzimos conosco.

É difícil falar das perspectivas com as quais agora sonho...

Seja lícito a quem me venha ler e meditar em recolhimento que considere a minha experiência de hoje, pois, em perseverando distante das salutares meditações espirituais e ações enobrecidas, será também esta a sua experiência no futuro.

Suplicando a Deus, Nosso Pai, que nos abençoe, sou o aprendiz de Jesus.

A. Marques

7

OPORTUNIDADE DE SERVIÇO

Usufruindo a sazonada oportunidade de ajudar, consideremos a relevância da proposição Divina, ao alcance dos nossos recursos.[6]

A terra adubada produz em abundância; o rio caudaloso destrói as margens; a correnteza disciplinada fomenta o progresso; o minério fundido amolda-se, ensejando preciosas utilidades.

Assim é a vontade humana. Quando educada, propicia a conquista de incomparáveis tesouros, proporcionando bênçãos para o próximo, que se convertem em sublime vitória para quem a comanda. Relaxada, entorpecida por desmandos e negligência, converte-se em antro de paixões amesquinhantes que terminam por destruir o seu possuidor, após as ocorrências lamentáveis em relação aos outros.

Nesse sentido, recorramos com sabedoria ao pensamento superior, objetivando auxiliar os que desencarnaram, e, não obstante, permanecem imantados às sensações orgânicas do corpo somático já extinto, auxílio esse que, em última circunstância, transforma-se em socorro a nós próprios.

---

6. No início da nossa reunião, por psicofonia, veio-nos esta preciosa comunicação de estímulo (nota do organizador).

Jesus, o Operário Infatigável, nunca tergiversou em face do auxílio que podia dispensar aos que O buscavam.

À mulher atormentada, não sindicou as causas da inquietação; ao contumaz perturbador da paz geral, não inquiriu dos motivos que o desequilibravam; aos enfermos, não perquiriu quais as matrizes das moléstias que os afligiam; aos encarcerados no egoísmo e na avareza, não perguntou pelos motivos da infelicidade que os azorragavam; aos mentalmente desajustados, não interrogou sobre os procedimentos que geraram as distonias, a todos ajudando sem verbalismo dispensável ou alardes perniciosos... Nada exigiu, a ninguém condenou. Sugeriu, afável, após recuperá-los, que, para o próprio bem, não volvessem às urdiduras do erro e da criminalidade, renovando-se e trabalhando, de modo a poderem libertar-se, em definitivo, dos fatores de perturbação e dor a que se agrilhoa a ignorância, proporcionando males insuspeitáveis...

Desse modo, chamamos ao ministério da caridade evangélica os desencarnados em sofrimento; não titubeemos nem adiemos a terapêutica do amor para com eles, desde que lucilam as claridades do bem nas paisagens do nosso Espírito.

A moeda-amor que doamos aos que se estorcegam, algemados pelas reminiscências infelizes ou calcinados pelas imposições do corpo corroído no túmulo, torna-se estrela a fulgir em nosso céu de esperanças, apontando rumos.

Assim considerando, valorizemos os momentos em que estejamos convidados para socorrer e servir, colocando as possibilidades de que dispomos nas mãos do Divino Benfeitor, que, Oleiro Sábio, fará do *barro* da nossa vontade e esforço a peça valiosa para a maquinaria de bênçãos para todos.

João Cléofas

8

BRADO DE ALERTA

Permitam-me, pelo amor de Deus, alguns minutos e perdoem-me a emoção deste encontro, para mim, muito significativo.[7]
Não fosse a bondade do Espírito angélico que dirige os destinos desta Casa, e eu, que tive uma vida obscura, que fui e sou um ser ignorante, não viria perturbar a paz dos senhores.
Ajudem-me!
Que tesouro maior pode um pai oferecer aos filhos?! Tesouro que os acompanhe por toda a eternidade?
O homem do mundo pensa em dinheiro, em projeção, em casa, e esquece de que estes não são verdadeiros, somente o são os valores que ficam, os que permanecem com o Espírito, não aqueles que se gastam e passam de mãos na Terra.
As fortunas, portanto, que um pai deve doar ao filho, as mais valiosas, depois do exemplo, são a educação, a ins-

---

[7]. Mensagem dedicada a um filho presente, que marchava a largos passos para uma tragédia, conforme confessou após os trabalhos (nota do organizador).

trução, a preparação para a vida, forrando o caminho por onde vai passar o filho com os valores da humildade, da mansidão e do sacrifício, virtudes muito divulgadas e pouco exemplificadas. E que tesouros podem e devem os filhos doar aos seus pais? Gratidão? Reconhecimento? Retribuição alguma dessa natureza.

O único valor em que os pais acreditam, como doação do filho, é a felicidade dele próprio.

Está provado que ninguém é pai, na Terra, por acaso e a Justiça Divina demonstra que nenhum filho se corporifica com a matéria emprestada pelo pai por força de leis arbitrárias. Tudo transcorre dentro de uma programação bem delineada pelos Sublimes Construtores da vida no planeta terreno.

Então, que dor macera mais o coração dos pais? A angústia de acompanharem o filho em perigo, gritarem para ele, que se encontra à borda do abismo e não serem ouvidos, vendo que está a ponto de tombar e só a interferência do Pai Criador pode salvá-lo.

Oh! Que bendita consolação para os Imortais é o telefone da mediunidade, confirmando que os mortos se foram, mas estão vivos, partiram e seguem ao lado, podendo confabular, acudir e advertir os seus amores da retaguarda, antes da consumação das desgraças e tragédias.

Meu filho: quando o homem puder aquilatar devidamente a responsabilidade através do amor vitorioso e tiver consciência do quanto é bom o bem proceder, do quanto é valioso o sacrifício pela família, em troca de todas as ilusões que infelicitam, ele se sentirá salvo e compreenderá as razões da vinda de Nosso Senhor Jesus Cristo para nos ensinar retidão e sacrifício...

Mil vezes melhor ser-se vítima a uma vez única o vitimador. Por isso, ninguém se descuide nem se iluda...

✦

Foi ontem, meu filho, quero dizer: há poucos dias que comemorei a minha volta para a *Pátria de cá*[8] e repassei pelo pensamento a felicidade dos filhos que Deus me deu.

Ainda me recordo da presença de todos os filhos no hospital, falando-me, confortando-me, eu, que na minha pobreza, procurara torná-los ricos com essas fortunas que não ficam na Terra, passando a receber a felicidade do seu carinho no grave momento da separação do corpo.

Estive pensando, e, então, roguei a Deus, nesse mesmo dia, o do verdadeiro aniversário, que Ele impedisse que o mal armasse o coração do meu filho para a realização da tragédia ou da infelicidade. E ante o seu aniversário, meu filho,[9] eu venho das províncias da morte para dizer que o meu presente é lembrá-lo da necessidade de se resguardar em Deus, prosseguir confiando em Deus e dedicar-se a Deus, em regime de fidelidade com abnegação.

Um momento de desequilíbrio faz-se autor de alguns séculos de sofrimento.

Um instante de loucura transforma-se em algema de demorada escravidão.

Por tal razão, a fé que nos honra o Espírito são as nossas asas, mas também a cruz que nos eleva acima da Terra, enquanto nos crucifica simultaneamente no mundo,

---

8. A Entidade se referia ao dia 26 de janeiro, quando completou 7 anos de desencarnada.
9. Era o dia do aniversário do filho presente, e o médium desconhecia este como o da desencarnação do genitor (notas do organizador).

fazendo-nos sofrer diante dos prazeres que não temos licença para fruir na taça de ácidos aniquilantes. E são asas porque nos conduzem acima das paixões, aproximando-nos de Nosso Pai Criador.

Olho para trás e vejo que nada pude deixar, senão o caminho aberto para o seu crescimento, a sua felicidade, tendo tido como últimos passos na minha vida física a dita de chamar os filhos à Religião Espírita para que, nesta noite, em que eu, depois de ter perdido o corpo e achado a Vida verdadeira, pudesse voltar para lhe dizer: mantenha-se em Deus!

Não estimule nem provoque o mal. Tenha cuidado, meu filho, tenha cuidado, pelo amor de Deus!

Não posso continuar por causa da emoção que me asfixia.

Avise à sua mãe e aos seus irmãos que estou vivo; eu estou vivo, sofrendo ou sorrindo, chorando ou agradecendo a Deus tudo o que ocorre com vocês e hoje com meus netinhos.

Que se voltem para Deus! Com carinho, o pai,

JOÃO.

9

TURBAR O CORAÇÃO

Disse Jesus: *"Não se turbe o vosso coração"*.[10] E o conceito admirável enunciado pelo Terapeuta Divino tem hoje abençoada atualidade.

Bem se pode compreender que o Afável Orientador não se reportava ao coração, no caráter de órgão encarregado de bombear o sangue, antes ao coração-sentimento responsável pela afabilidade e doçura, *órgão* de natureza afetiva por cujo comportamento emocional o homem justo se devota ao bem, o atormentado se vincula ao mal.

A turbação dos sentimentos é, sem dúvida, um dos mais vigorosos adversários do equilíbrio do homem.

Uma gota de ódio improcedente pode transformar-se numa fagulha irresponsável que ateia incêndios imprevisíveis: uma chispa de ira injustificável pode destruir as belas construções da organização doméstica, estiolando a árvore da felicidade, sob a qual o homem tenta agasalhar-se; o veneno do ciúme transforma-se, num momento de alucinação em que se turbam o sentimento e a razão, em fator de alto poder destrutivo naquele que se contamina por

---

10. O tema da noite fora extraído de *O Evangelho segundo o Espiritismo*, de Allan Kardec, capítulo III, item 5, para leitura e meditação.
Ao iniciar-se a reunião, psicofonicamente o instrutor desencarnado ditou esta excelente mensagem (nota do organizador).

essa virulenta peste, que grassa, deixando rastros de morte e sombra por onde passa.

Turbar o coração! Na sua ingratidão contínua, o homem, aquinhoado por bênçãos e bênçãos, logo alguém lhe contrarie a vontade, arregimenta o instinto que o galvaniza e turba-se, arrastado pela cólera.

Após receber as concessões da Divindade: saúde, sorrisos, prosperidade, armazenando reservas de paz, por uma coisa de somenos importância tudo destroça, turbando o coração e permanecendo ingrato às valiosas dádivas acumuladas.

Saturado dos prazeres desastrosos, no instante crucial do destino que o aguarda, intoxicado pelas viciações anestesiantes ou alucinatórias, ergue-se para desgraçar e desgraçar-se, após turbar o coração.

Nestes momentos vinculam-se-lhe mentes más, hediondas, que vigem na Erraticidade inferior e se comprazem na sistemática do aniquilamento da bondade nos corações humanos, estimulando paixões que enlouquecem e destroem com celeridade.

Acautelemo-nos da turbação dos nossos corações e creiamos em Deus, em toda circunstância, com devotamento e com humildade, de modo a mantermos invariável o bem-estar interior, mesmo que do lado de fora os tormentos desabem e as provocações se sucedam.

Não foi outra a conduta do Mestre ante os provocadores contumazes, os obsessos renitentes e os obsessores vigilantes, senão a paz inalterável em todo tempo e lugar, lecionando confiança em Deus e harmonia no coração.

João Cléofas

10

COMPREENDAMOS PARA AJUDAR

Afirma-se que é impossível, na atualidade, a construção, na Terra, do Reino de Deus, nas bases dulcificantes a que se reportava Jesus.

Diz-se que a onda de violência gerada pela maquinaria tecnológica é semelhante ao deus Moloc – devora nas entranhas ardentes os filhos que a construíram.

Opina-se que o homem tresloucado de hoje não consegue sublimar o sentimento elevado, por jazer moribundo sob o domínio das sensações mais grosseiras, as que impedem a libertação através dos ideais superiores.

Estudiosos da problemática humana, em consequência, sofrem receio em face do dramático mapeamento delineador do futuro, em referência às experiências de paz e fraternidade.

Todavia, Jesus prossegue sendo a resposta insuspeita dos séculos, em relação a todas as questões perturbantes que se conhecem. Imperioso, portanto, meditar-Lhe os ensinos, imprescindível ouvi-los com interesse para mais tarde vivê-los integralmente.

Compreendermos o amigo, a fim de ajudá-lo com segurança, é programa que não podemos adiar. Para tanto, a técnica conseguiu padronizar necessidades, estereotipando soluções, impossibilitada, porém, de penetrar o âmago de cada questão, atendendo-a da base para a periferia.

Os cristãos sabemos que todo problema atual tem suas matrizes na sede do Espírito – jornadeiro de ontem, viandante do amanhã – e que somente através da erradicação das causas negativas, nele vivas, poder-se-á conseguir a liberação das consequências infelizes.

Explica-se que as calamidades novas são resultantes dos erros que nos chegam do passado, agora avolumados. Isto não impede, antes, impele ao labor que cria fatores propiciatórios ao Bem em relação ao futuro.

Para esse cometimento, o amor constitui a gênese de todas as edificações, o pólen fecundante de todo reflorescer porvindouro, como efeito natural do esforço salutar, que produzirá a cordura e a bondade nos corações.

A cordura, no torvelinho das paixões que se vivem, pode ser considerada como uma ilha bonançosa, no *mar* encapelado circunjacente... E a bondade é qual um *oásis* gentil, que aguarda o viajor após a travessia pelo deserto adusto e pavoroso. Ninguém despreza uma ilha de bênçãos nem um *oásis* de refazimento. Pessoa alguma, da mesma forma, desconsidera a cordura e a bondade por mais conduza ressecados os sentimentos interiores.

Programa-se o estabelecimento da felicidade terrena, mediante o influxo das realizações de fora, sem o impulso da transformação moral de dentro.

Estudam-se reformas e planificam-se ajustamentos, mediante o concurso de mentes privilegiadas, que, todavia, jamais, ou raramente, saem dos gabinetes confortáveis em que estabelecem diretrizes para a vivência das vielas onde a dor faz morada, ou se movimentam entre os infelizes, catalogados como *párias sociais*, que transitam na criminalidade ou entre os que habitam malocas infectas, vivendo ao sabor das perversões de vária ordem, onde o desespero se agasalha...

O amor, no entanto, que pode penetrar o fulcro do erro sem macular-se e o reduto do vício sem perverter-se, dispõe do estímulo restaurador que eleva vidas e alça vencidos morais às excelsitudes da nobreza.

Sem desconsiderarmos, portanto, o elevado contributo da técnica, convocada a ajudar o sentimento humano aturdido e a libertar o homem inquieto da miséria sociomoral que constringe, recorramos ao condimento do amor que possui a mais expressiva metodologia, porquanto com Jesus – o mais elevado exemplo de amor entre os homens, que inaugurou a era da fraternidade e criou os estímulos para que as criaturas se ajudassem, modificando as paisagens morais da Terra – tal relevante empresa se torna factível, imediatamente realizável.

Não titubeemos nem recalcitremos, procurando soluções complicadas, em bases de matemática futurológica, de previsões materialistas...

Sigamos as pegadas do Rabi e amemos, compreendendo-nos uns aos outros e uns aos outros desculpando-nos no momento do erro, a fim de lograrmos ajudar e produzir com maior eficiência, instalando, em definitivo, na Terra, o Reino de Deus, que já devemos conduzir no coração desde agora.

Frei Fabiano de Cristo

11

PRISÃO DE REMORSO

Fui médico nesta cidade. Jurei em momento de emoção dedicar-me ao próximo, envidando superlativos esforços na arte de curar. O compromisso livremente assumido transformar-se-ia depois, por minha culpa, na pesada cruz em que hoje me encontro imolado.

Transitei pelo corpo, mantendo a ilusão da perpetuidade fisiológica, não obstante fruir a ventura de haver travado contatos com a Imortalidade, em inesquecíveis tentames, nos quais a mediunidade comprovou-me a sobrevivência espiritual sobre o decesso celular no túmulo.

Apesar disso, vinculado ao preconceito acadêmico e às vaidades sociais decorrentes do posto transitório a que estive guindado, na condição de professor universitário, releguei a plano secundário a revelação da vida estuante para demorar-me embriagado pelo *ácido lisérgico* do entusiasmo mentiroso, no palco da fantasia humana, sem ter em conta a conjuntura inamovível do dia da partida...

Vivi a Medicina como profissional que realiza o mister açulado pela ganância numerária dos resultados amoedados, que se transformam em pesadelos futuros...

Açodado pela sede de mais possuir, impulsionado pela vaidade de crescer, transferi-me de meta a meta, adornando o nome com títulos honoríficos e tornando empedernido o coração diante da alheia dor, do infortúnio alheio e do desconforto que eu prometera amenizar...

No meu lar, mais de uma vez a vida esteve presente cobrando-me o tributo da vigilância. Fascinado, porém, pelos ouropéis, segui desatento aos deveres superiores, anestesiando a consciência de mim mesmo.

A neoplasia maligna tomou o corpo da mulher a quem eu amava e o mutilou, deixando, pelas garras da cirurgia, cicatrizes queimadas demoradamente pelo *radium* e pelo cobalto, como sinal de que o trânsito do corpo é jornada para a cinza e para o fumo que se evola.

Seria o momento de voltar-me para Deus e a Ele entregar-me... Sacerdote do corpo pelo compromisso acadêmico, deveria ser o apóstolo do Espírito pelo ideal da verdade. Não o fiz, lamentavelmente, para mim. Continuei o bailado das ambições, esquecendo que em cada meta lobrigada a vida culmina no caminho transcorrido. Nesse ínterim, advertência mais severa chegou-me, invadindo-me as reservas orgânicas e sugando-me o corpo em depauperamento. Em face da presença ultriz do carcinoma dentro de mim mesmo, virulento, deparei-me, de um instante para outro, vencido pela sua exteriorização nefanda, e, de repente, vi-me à borda da morte, a meta não planejada, não desejada. Voltei-me apressadamente, então, para Deus. A distância que nos mediava era muito grande e não me havia tempo para vencê-la. Recorri ao Espiritismo como náufrago agarrando qualquer destroço do navio, na ilusão de alcançar a praia que ficara muito longe ou o porto a que nunca dedicara qualquer consideração.

Assim foi que retornei para a realidade. Sabia que estava a morrer e que a morte não existia. Desejei apegar-me a qualquer fímbria de luz de esperança, inutilmente. Orei, recorri ao auxílio alheio através do passe curador – eu que me negara à arte de curar –, mas o bote da desencarnação arrojou-me no nevoeiro do Mundo espiritual em que ora me debato, semelhantemente a alguém que, açoitado pelo vendaval no oceano, fosse encontrar terra fixa no pântano escorregadio e pestilento. Todavia, o trânsito pelo paul de lodo e putrefação em absoluto não me constitui martírio.

É do Estatuto Divino a Lei que estabelece que ninguém pode iludir a ninguém. É negado o direito de mentir-se ao próximo e de a outrem ludibriar. Cada um põe sobre si o fardo que deseja atirar noutrem. Constatei, por fim, que me ludibriara, enganara-me e aqui as minhas desculpas se estavam convertendo em fantasmas que ora me perseguem atrozmente, de que me não consigo libertar.[11]

As ideias demoradamente cultivadas pelo meu cérebro ressurgiram-me em perseguidores vitalizados pela mente em desequilíbrio, açulados que foram pela comodidade e despautério que agora me constituem duendes nefastos dos quais não me consigo evadir. Pode-se fugir do dever, esgueirar-se da luz, abandonar a dignidade, mas jamais alguém consegue furtar-se à verdade.

Insculpida na consciência está a Presença Divina e nela vive um juiz implacável que lhe grita indócil todas as

---

11. A Entidade padecia de alucinações tormentosas, perseguida pelas formas-pensamento que cultivara enquanto no corpo, em doloroso processo ideoplástico (nota do organizador).

calamidades que se crê haver sepultado, mas que se não conseguiu destruir.

Venho aqui na condição de enfermo, necessitado de luz, de paz e de saúde interior.

Doem-me todas as fibras, para usar uma linguagem típica, eu que transito agora num corpo espiritual. Sinto a atuação do câncer que me vitimou a forma e a cadaverizou, como da sua metástase que me venceu todo o organismo fisiológico, qual se ainda estivesse a padecer-lhe a presença soez, porém, acrescentado a esse sofrimento superlativo que as palavras não podem traduzir, está a lâmina *ferinte* do meu remorso pelo tempo perdido.

Vós, que desfrutais da oportunidade de crer enquanto no corpo carnal, refleti antes de cometerdes leviandades, meditai antes de vos acumpliciardes com o erro!

Bem sei que me faltam as credenciais para aconselhar. Ninguém melhor, no entanto, para ser mestre diante da inexperiência alheia, do que aquele que tombou no precipício da própria insensatez.

Considerai em profundidade a fé que vos aquece e não vos iludais quanto eu a mim mesmo iludi. Hoje é o meu dia de autoanálise confessional, como há vinte anos em circunstância equivalente, pela boca da minha esposa, quando cultivávamos o materialismo, ouvi alguém semelhantemente assim dizer e não considerei...

Para mim é algo tardio, para vós, não. Serei chamado ao invólucro da matéria para recomeçar, enquanto podeis despedir-vos da vida física oportunamente, sem as amarras que atam aos infelizes seus graves sucessos...

E se estas minhas palavras puderem, de alguma forma, concitar-vos à reflexão, não terá redundado inútil a minha presença nesta Casa. Convidado pelos que a dirigem espiritualmente para este depoimento, que sintetizo em palavras chanceladas pelo fogo, marcadas pelo ácido da experiência amarga e pela sombra do remorso incontido, pedir-vos-ia que me lembrásseis em vossas orações, como o homem que cultivou o preconceito e por tal foi vitimado.

José E.G. [12]

---

12. José E. G. – Pseudônimo utilizado por motivos óbvios (nota do organizador).

12

SUICIDA

Sou uma náufraga recolhida por mãos misericordiosas, que tateia em densa treva, na praia em que se depara. Embora socorrida, não me lampeja luz alguma, nem sinto se acalmarem as rudes agonias que trovejam, sem cessar, no meu Espírito vencido por mil dilacerações contínuas...

Somente a pouco e pouco me dou conta da situação em que bracejo, exausta.

Fugi da ilusão que supunha realidade e encontrei-me na realidade que acreditava não passasse de ilusão...

Em báratro infeliz, a mente não me responde às indagações, assoberbada pelas surpresas incessantes em que me enovelo, desditosa...

Saí da vida procurando a morte, e a morte me prendeu à Vida que não cessa, desmoralizando a extinção da morte...

Busquei lenitivo para uma ferida moral, e, desatenta, coloquei ácido na ulceração que, desde então, queima e requeima sem trégua...

Desejei destruir o corpo e o carrego esfacelado como carga em apodrecimento sem fim, de que me não consigo desobrigar...

Amei ou supus amar e tudo não passava de alucinação e desejo, que converti em ódio devorador, característico da minha loucura inominável...

Tudo foi rápido, mas se transformou num inferno de que não posso fugir...

Lembro-me, sim, das razões da minha desgraça superlativa e as recordações são chapas ardentes sobre o cérebro, a devorarem as lembranças... Aparecem em imagens vivas e mergulham em densas, tenebrosas trevas...

[...] Findara-se a guerra [13] e aguardava-se a chegada dos *pracinhas* brasileiros entre expectativas e júbilos. A noite estava abafada e a minha cabeça estourava. Tranquei-me no banheiro. Houvera planejado o ato de vingança e o momento chegara (Oh! Desdita dos infelizes que só pensam em si mesmos, no vórtice da loucura que os domina!). Repassei os acontecimentos e as lágrimas espocavam, abundantes, escorrendo-me dos olhos sem aplacarem o incêndio da alma, nem amortecerem o tropel convulsionado da agonia que me matava demoradamente...

Parecia-me o suicídio a única solução. Era grave demais o meu erro e descomunal minha dor. Acabar com tudo e libertar-me de tudo – pensava, desvairada...

Tremiam-me todas as fibras – como agora, à lembrança da tragédia – e estava transtornada. Experimentava a sensação, no dédalo em que me debatia, de que mãos vigorosas me seguravam e ruído ensurdecedor me dificultava o raciocínio entorpecido. Estava a sós, e, no entanto, tinha a impressão de que me encontrava numa arena referta de expectadores alucinados...

---

13. 1945 (nota do organizador).

Repassei os fatos: o homem a quem amara e jurara amar-me, abandonara-me. Sabendo-me fecundada e descobrindo-se pai, informado de que eu já não podia ocultar as aparências, descartara-se, dizendo-me que era meu o problema...

Afinal – asseverara –, nunca me amara. Constatava que mantivéramos momentos agradáveis... Nada mais. Não podia prender a sua vida à minha. Eram diferentes as nossas posições sociais e financeiras... Tudo estava, pois, acabado... Lamentava, apenas. Nada mais... E se foi.

Não há como dizer o que me veio depois. O fogo devorador do desespero e do ódio. Só então pensei na vergonha sobre mim e minha extremada mãe viúva, que tudo fazia pela minha ventura, acarinhando um sonho de felicidade futura, agora impossível. Com inauditos sacrifícios fizera-me estudar e sorria na esperança de um amanhã ditoso...

Não haverá punição para o homem desnaturado? – perguntava-me. – Só a mulher deve pagar o preço da sua loucura? Ela cai ou vai derrubada? Onde Deus e a Justiça? O violador caminha ditoso e a desgraçada deve carregar por todo o sempre a desventura de um momento de ludíbrio e obsessão? (Enganava-me, então, no exame da Consciência Universal, e desvairava.)

Os raciocínios egoístas, através dos quais exigia a reparação de outrem e não a minha, esgotaram-me as poucas reservas de forças morais por me faltar apoio de uma fé religiosa relevante, embora houvesse as nobres soluções...

Ingeri, então, o tóxico. Foi repentino, e, no entanto, dura uma eternidade. Aguardei o sono, que jamais chegou, o esquecimento e o fim que nunca me alcançaram...

Passados os primeiros momentos, experimentei a ação do veneno e quis gritar. As dores eram superlativas...

Dei-me consciência do que fizera e o arrependimento feriu-me, impondo-me a necessidade de retroceder. Tarde demais... Quanto consegui foram contorções, convulsões violentas, impossibilitada de controlar os membros, os órgãos, agora em combustão e dor animal...
Sentia-me expulsar do corpo sem dele sair...

[...] Enlouqueci literalmente quando percebi que me iam sepultar, sentindo-me viva e desejando informar que não morrera; o horror obnubilou-me a réstia de razão e desfaleci, estarrecida, às primeiras pás de terra sobre o caixão abafado, dentro do qual me agitava, sem poder evadir-me...
O tempo e a realidade converteram-se num pandemônio insuportável... Perdi todos os contatos com o raciocínio, acompanhando as ocorrências em abismos de crescente desesperação, como se fora possível sofrer-se mais, além da minha aflição... E chegavam-me maiores angústias e pesadelos...

Acompanhei a decomposição cadavérica, sentindo-lhe a degeneração nas fibras da alma, sem desamarrar-me dos tecidos...

Um dia, ou melhor, uma noite, porquanto sempre era noite horrorosa e fria, fui assaltada por animais [14] que me arrancaram da tumba e me conduziram a sítios hediondos, onde viviam, furnas soturnas, pestosas, e ali submeteram-me a inqualificável julgamento, tornando-me sua escrava, subjugada e servil às suas paixões...

---

14. Entidades infelizes, vítimas da zoantropia (fenômeno de autossugestão decorrente da vida perniciosa que mantêm na Terra, assumindo por hipnose inconsciente aspectos animalescos que cultivaram no campo das ideias e das paixões mentais e físicas). Para mais explicações vide *Nos bastidores da obsessão*, de Manoel Philomeno de Miranda, FEB (nota do organizador).

Depoimentos vivos

Sempre ignorando o tempo, fui *informada* de que minha mãe morrera de angústia após o meu gesto e adicionei esse novo martírio a todos os que me faziam sucumbir, sem morrer... Como aspirava à morte, ao repouso, ao esquecimento! Impossível! Verdadeiros *cães* nos vigiavam, a mim e a outros tantos desditosos que vivíamos em magotes.

E como se não bastasse toda essa dor, passei a ouvir o choro, na minha consciência, do ser que morrera comigo, no ventre, quando me flagelara com o suicídio (meu Deus, piedade!).

As ideias foram-me voltando e das dores físicas lancinantes passei, também, às dores morais que, então, me visitavam. Amiúde passei a comburir-me na *caldeira infernal* em que vivia sem, contudo, morrer...

Voltei-me mentalmente contra o meu sedutor e o ódio fez-me descobrir que se eu não me extinguira ao matar-me, a vida prossegue para todos, após a morte, e ele pagaria, também, a seu turno...

Realmente, sem que eu saiba explicar, encontrei-o lá... Apareceu-me atoleimado e à minha horrenda visão despertou... Desejei esganá-lo e não pude fazê-lo...

[...] Compreendi a Justiça de Deus que a todos alcança e constatei que a desdita dele não diminuía a minha...

Comecei a pensar em Deus, lembrei-me da prece... *Sonhei* com minha mãe, numa breve pausa em que desfalecera, sentindo-a libertar-me...

Era realidade, porém, não sonho.

Minha santa mãezinha rogara a Deus pela filha desventurada e lograra do Céu a ventura de conseguir libertar-me. Após fazer-me repousar, amparada por um anjo de

amor, trouxeram-me aqui a fim de vos relatar minha experiência infeliz e rogar-vos intercederdes por mim...
Estou cansada...
Ajudai-me!... Sinto sono!... Adeus!...

Anônima [15]

---

15. A Entidade não se identificou (nota do organizador).

13

CONSOLADOR PROMETIDO

Característica essencial do Espiritismo, a moral pregada e exemplificada pelo Cristo, sobre a qual assenta os seus postulados filosóficos e éticos, numa decorrência natural da comprovação do intercâmbio espiritual, nas experiências de laboratório, afirmando a sobrevivência à morte e a preexistência ao berço. Consequência imediata de tal conceituação é a liberdade de consciência e ação com os componentes da responsabilidade.

Funcionalmente elaborada, objetiva a edificação do homem integral, estruturado pelos hábitos salutares, tendo em vista a superação de si mesmo, em contínuo labor de progresso, simultaneamente, a melhora do próximo e da comunidade em que vive.

Por isso, a Doutrina Espírita não dispõe de fórmulas mágicas para a salvação, tampouco de organização uniforme na sua programática de expansão.

Libertada de excentricidades de qualquer natureza, não se submete a imposições de líderes, através de opiniões, muitas vezes respeitáveis, mas destituídas de legitimidade, que somente no edificante exercício, pela prática incessante do bem, consegue oferecer.

Indene aos pruridos daqueles que se lhe vinculam ao Movimento, não permite representantes terrenos ou mentores, tendo em vista proscrever o culto da personalidade sob qualquer pretexto em instalação, por possuir raízes fixadas nos solos férteis da humildade, do amor, da caridade, linhas mestras do ensinamento moral de que se não pode prescindir.

Escoimada dos erros humanos, por ser lição viva e atuante dos Espíritos superiores, não comporta apêndices ou exclusivismos capazes de gerar interpretações dúbias ou acomodatícias, tão do agrado dos indivíduos, como dos grupos que se comprazem em litigação e em inoperosidade.

Sem a casuística fomentadora de gravames, valoriza o homem pelo que pensa e faz, motivando-o ao próprio enobrecimento, porquanto cada um é julgado pela própria consciência, hoje ou mais tarde, na qual estão insculpidas as Leis de Deus.

Pela sua dinâmica especial – a cada um se revela conforme os recursos morais e intelectuais de que se encontre investido –, é fértil campo para o estudo e a prática das virtudes cristãs com que o aprendiz se aprimora, sem coarctações, receios ou servilismos de qualquer procedência.

Suas lições são ministradas mais por exemplos do que por discussões inoperantes, sendo, ainda, pela consolação que esparze em abundância, caracterizada como revivescência do Cristianismo puro dos primeiros tempos. Suas cátedras são os corações transformados em eloquentes santuários nos quais o amor e a fé residam em clima de misericórdia para com os infelizes e atormentados do caminho evolutivo... Instrui e educa sem impor sua crença, trabalhando o caráter e auxiliando no extermínio do egoísmo, o maior inimigo do Espírito.

Os erros e paixões dos que militam nas suas hostes não a afetam, porquanto dizem respeito a eles mesmos, não admitindo se transformem uns em fiscais dos outros, mas favorecendo a convivência pacífica dos que caem com os que se levantam em clima da mais absoluta fraternidade.

Nem poderia ser diferente.

Para expressar o valor intrínseco, a gema deve ser destituída de jaça, e a semente portadora eficiente da multiplicidade dos grãos.

Consolador Prometido é o veículo pelo qual retorna Jesus.

Nestes atribulados tempos, que fazem recordar aqueles antigos, tumultuados dias, quando os Espíritos em aturdimento se abrem às claridades da fé, graças aos impositivos dos sofrimentos, mister se atente para a fulgurante pureza da Mensagem Espírita.

Que se alberguem todos os padecentes que a buscam, não lhes permitindo deturpações nem utopias; se recebam as contribuições de doutos e técnicos – não menos atribulados do que aqueles que são faltos de pão e saúde –, sem lhes aceitar as vaidosas injunções constringentes; se atendam cansados e aflitos, sem lhes conceder trégua à indolência e à rebeldia...

Estendam-se braços à unificação, não, porém, à uniformidade, que mataria na seiva a floração sublime do ideal com que Allan Kardec, fiel intérprete das *Vozes dos Céus*, favoreceu-nos, em forma de portal de luz por onde deveremos transitar, em direção da imarcescível felicidade a que todos nos encontramos destinados.

HUGO REIS

14

CONFISSÃO-APELO

Meus irmãos! Que Jesus nos preserve de nós mesmos! Venho fazer uma confissão, que, também, é um apelo.

Espiritista militante, exerci, na Terra, a relevante tarefa de direção de uma Casa Espírita.

Conhecido, exclusivamente, pelo exterior, granjeei respeito, tornei-me objeto de admiração, logrei amizades, que se tornaram duradouras quanto valiosas.

Guindado ao ministério do auxílio fraternal, desobriguei-me, a ingentes esforços, do labor que abraçava espontaneamente.

À medida que o tempo acumulava horas, o entusiasmo inicial deixou-me sucumbir sob a rotina causticante e desagradável, fazendo que a tarefa se me tornasse pesada canga, que a custo conseguia carregar. No entanto, multiplicavam-se as louvaminhas, os exórdios ao personalismo doentio, as sugestões maléficas em forma de convites vaidosos e laureantes, e, a pouco e pouco, fui transformando a Casa que deveria permanecer como suave refúgio dos sofredores e humilde tabernáculo de orações, em reduto de ociosidade e parasitismo inúteis, entremeados da risota facciosa e da frivolidade, que, paulatinamente, se alastrou inevitável.

As aparências, porém, continuavam a manter o bom-tom, enquanto as exigências íntimas se transformaram, inesperadamente, em algozes impiedosos, fazendo-me ver o que me comprazia em detrimento do que deveria.

O auxílio que uns e outros nos ministravam, longe de receber o reconhecimento da minha emotividade, que se tornou soberba, era agasalhado com indiferença, senão com crítica e mordacidade, como se os outros se houvessem incumbido de ajudar-me e eu não houvesse elegido a honra de cooperar indistinta, indiscriminadamente.

A vaidade, esse vírus de que poucos se dão conta, ou de que alguns, ao se aperceberem, já estão dolorosamente infectados, encarregou-se de desferir-me o golpe fatal.

A presença das pessoas de conduta duvidosa, ignorantes e sofredoras, passou a constituir-me insuportável peso.

Os apelos da miséria, que um dia eu pretendera diminuir, tornaram-se expressões de disfarce e de cinismo, que não poucas vezes atirava na face dos corações lanhados pela dor e dos Espíritos humilhados pela necessidade.

As exterioridades, todavia, continuavam a ser mantidas em traje a rigor.

Os elogios perniciosos se encarregaram de completar o quadro do meu equívoco infeliz, e, sem dar-me conta, fui arrebatado pela desencarnação, deixando um *rio* de lágrimas nas pessoas gratas, que se comprazias na minha conversação fluente e nas minhas excentricidades, que passaram a constituir moda, enquanto eu mergulhava na imensa realidade do despertar da vida no Além-túmulo...

Várias homenagens foram programadas entre os que permaneceram na carne, em minha memória. O meu nome foi colocado no frontispício do santuário, que deveria ostentar as expressões simples e invencíveis da caridade.

Antigo retrato foi ocupar um lugar de honra numa sala vazia, inútil, e, em breve, o culto à memória do companheiro desencarnado começou soez, deturpando a limpidez das pregações sobre a Doutrina Consoladora enquanto me perturbava o Espírito atribulado.

Sucederam-se as surpresas para mim. A morte, infelizmente, não me santificou. Acordei como era, ou melhor, pior do que era, porque despido das exterioridades mentirosas, dando-me conta de que antigo zelador da Casa, a quem nem sempre oferecera o necessário trato, fora o primeiro amigo a receber-me além da aduana que eu acabava de transpor.

Sorridente, de braços abertos, aureolado de júbilos quanto eu de expressão doentia, entorpecido que estava pelos miasmas da minha loucura, verifiquei que era ele em verdade o benfeitor que me socorria, a mim que nunca lhe oferecera, antes, qualquer assistência fraternal.

A consciência despertou rigorosa e passei a experimentar o tumulto dos remorsos, dos arrependimentos tardios e das agonias longas que as palavras, só mui dificilmente, conseguem descrever.

Concomitantemente, os hinos de exaltação que me chegavam da Terra eram punhais que me penetravam a alma, que reconhecia não os merecer. As referências laudatórias espezinhavam-me ante a autocrítica acentuada, e os apelos dos humildes, que sinceramente invocavam a minha proteção, laceravam-me, em face do descobrimento da minha própria inutilidade.

Bati às portas da mediunidade na Casa que me fora berço de luz com sofreguidão e confessei-me, numa noite memorável, diante dos companheiros estarrecidos...

Ao terminar o trabalho, esses tiveram expressão de espanto e de censura à médium, que me filtrara as informações com fidelidade, tachando-a de adversária gratuita do meu êxito, em consequência, avinagrando-lhe a sensibilidade fiel.

Redobrei esforços para aclarar a verdade. Mas, quem estava interessado na verdade, se fora eu mesmo quem ali instaurara o modismo da bajulação e o intercâmbio da ociosidade?!

[...] Quase duas décadas já se foram. O meu nome brilha na lápide de algumas Instituições, e me invocam em muitos lugares, com imerecido carinho, fazendo-me compreender que o castigo do culpado é a consciência da culpa.

Impelido pelo anseio de aclarar equívocos, aqui venho lembrar aos trabalhadores da Seara de Jesus sobre o perigo do culto aos valores e às pessoas que transitam na Terra, envoltos nas exterioridades, que nem sempre sabem honrar.

Não transformem Espíritos familiares, amigos e protetores em guias de ocasião, como santos da vaidade. Busquem o Senhor e os Seus ministros, na certeza de que não se equivocarão, e estejam vigilantes para toda e qualquer exteriorização que signifique culto pernicioso, ameaçador da claridade do nosso Movimento, abrindo hoje regime de exceção na direção do futuro da causa que abraçamos.

Cuidem, envidem esforços para expungir as inferioridades antes que as inferioridades lhes imponham os seus rigores em cerco nefando, impingindo-lhes as funestas consequências, que somente a muito custo delas conseguirão libertar-se.

E quando a tentação do êxito, do brilho imediato começar a ofuscar a clareza da simplicidade das suas vidas, complicando os labores, ou lhes impuser a distância da convivência com os infelizes, nossos irmãos, infelizes que somos quase todos nós, muito cuidado!

Tenham muito cuidado, sim, porque pior do que a desencarnação é a morte da ilusão que se cultiva, encarregando-se de destruir os ideais dentro de cada um, asfixiando o seminário de plantas divinas, que todos prometemos cuidar, no *pomar* do Espírito, que jaz, então, atormentado e desditoso...

Concluindo, repito, emocionado: que Deus nos abençoe e nos resguarde de nós próprios!

ARTUR MARCOS[16]

---

16. Antonomásia adotada pelo autor espiritual, por motivos óbvios (nota do organizador).

15

MEDIUNIDADE SOCORRISTA

Choram, gritam, ululam, repassando as dores do pretérito, sob o estigma de remorsos punitivos.

Agridem, perturbam, agonizam, vencidos na revolta injustificável pela posição em que se encontram, resultado da própria irresponsabilidade...

Oram, confiam, aguardam, ansiando pelas mãos santificantes da caridade fraternal, para soerguê-los da situação em que jazem, conduzindo-os na direção da paz que almejam.

Não são poucos aqueles que em torno das nossas atividades, ora desencarnados, padecem os equívocos em que se demoram voluntariamente.

Constituem outra Humanidade, e é, no entanto, a nossa mesma Humanidade já desvencilhada do corpo, esperando a nossa contribuição.

As suas dores nos ensinam prudência e os seus desesperos nos apelam à observância da ética do Evangelho.

Suas agressões nos demonstram a sintonia que mantemos com eles, graças à invigilância em que ainda nos situamos.

Desse modo, nossos irmãos ludibriados pelo engodo da carne transitória agora nos chegam às portas da mediunidade socorrista, esperando ensejo para lenir as suas exulcerações íntimas no breve conúbio de um momento de oração, nos serviços de intercâmbio espiritual.

Não lhes neguemos cooperação. Abramos os braços e os afaguemos com os nossos recursos, de modo que lucilem nas aflições e sombras – nas quais se encontram em alucinação, degredados – a esperança e o reconforto...

O que fizermos hoje em prol do seu reajustamento ao presente, pelo que erraram no passado, talvez nos ofertem eles, por sua vez, nos dias do futuro.

Penetremo-nos da responsabilidade que decorre do nosso conhecimento espírita e não titubeemos mais ante o auxílio que nos cabe oferecer.

João Cléofas

16

NARRAÇÃO DA ALMA

Sedenta de luz, rogo a misericórdia de uma oportunidade redentora.
Fui mulher na minha última e dolorosa peregrinação na Terra. Enverguei as roupas físicas da vaidade e empolguei-me pelas coisas fúteis, tornando-me vendedora de ilusões...

De cedo, fascinada pelos ouropéis da vacuidade, tornei-me feminista de realce, empolgando-me com as diretrizes que tinham por objetivo oferecer à mulher igualdade de direitos em relação ao homem, na sociedade em que militei.

Favorecida com um matrimônio nobre, utilizei-me da oportunidade para projetar-me ainda mais nos favores do relevo social, derrapando, logo depois, através de um desquite amigável, para as dissipações do adultério, ludibriada em mim mesma pelos sentimentos da corrupção, então, em voga.

Diversas vezes, antes da separação legal, visitada pela fecundação que me apelava à responsabilidade matrimonial, não tergiversei uma ocasião sequer, cometendo nefandos infanticídios através do aborto delituoso, na vã expectativa de fugir aos deveres superiores da vida, permanecendo anestesiada pelos vapores abundantes das paixões dissolventes.

Frequentemente fruí oportunidades de receber a revelação da fé cristã, na religião em que nasci e da qual me descurava lamentavelmente cada dia, esposando as ideias omnímodas do materialismo, a fim de esquecer-me dos deveres da Vida eterna, engolfada na utilização de cada minuto para o banquete vulgar das emoções cada vez mais fortes.

Minha mãe, falecida, apareceu-me em sonhos, reiteradas vezes, chamando-me à realidade de outros deveres.

Experimentava impressões de que vozes e choros infantis me perturbavam o equilíbrio mental, fazendo-me voltar à realidade dos meus crimes, que cada vez mais afogava nas libações alcoólicas ou em dissipações de toda ordem para olvidá-los, ou deles fugir.

Como se avultassem na mente estremunhada e no corpo que paulatinamente se ia ressentindo dos excessos, o clamor dos remorsos e o apelo das realidades, que me martirizavam, procurei um psiquiatra amigo e de renome, para encontrar uma solução acadêmica para os problemas perturbadores que se intensificavam.

Gentil e culto, o esculápio induziu-me a tratamento cuidadoso, encontrando respostas técnicas para o que acreditava ser o meu mal, conquanto informado de quase todos os meus deslizes como apelo imperioso à tradição dos preconceitos, que, segundo ele, eram fatores dos pesares e impedimentos que me produziam traumas, criando complexos desequilíbrios nos delicados tecidos do meu sistema mental.

Inútil a terapia ocupacional que me sugeriu, inócua a recomendação dos espairecimentos, improfícuos os primeiros medicamentos usados, de efeitos imediatos, porquanto, do distúrbio tipicamente psíquico, passei a experimentar estranhas e agudas dores nas regiões do baixo ventre, vindo a descobrir, logo depois, que era portadora de terrível carcinoma que me vitimava o útero e que seria a causa da minha morte prematura, logo depois...

Com apenas 32 anos fui obrigada a abandonar a Terra, expulsa do corpo pelo câncer vingador, encarregado de cobrar nas minhas carnes os hediondos crimes que perpetrava na volúpia da loucura.

Mas não morri! Logo que me senti exilada da matéria em que me refugiava, matéria que se diluía aos meus olhos mesmo antes da morte, quando crucificada em dores inenarráveis, era obrigada a longos períodos de sono compulsório para ter diminuídas as aflições, jamais perdi de todo a consciência, porquanto saía da realidade orgânica para penetrar numa realidade mais cruel, em que me sentia assaltada pela visão de corpos destroçados e perseguida pelas vozes acusadoras que imprecavam contra mim, rogando justiça e ao mesmo tempo clamando por vingança às Leis Divinas.

Com a morte senti-me desvairar em mãos impiedosas, arrancada do cadáver antes que este fosse inumado na sepultura, sendo conduzida a região dolorosa, onde fui desrespeitada nos meus sentimentos de mulher, mesmo desequilibrada, conduzida a situações inenarráveis, depois do que julgada em arbitrário tribunal no qual os meus crimes foram expostos e eu, desnudada intimamente, vi-me constrangida a todo tipo de sarcasmo e a uma série de punições que começavam pelo encarceramento cruel, visitada e guardada por animais semelhantes aos da Terra, porém que me

pareciam criaturas humanas deformadas nos corpos deles que me sitiavam demoradamente...[17]
Não posso definir quanto tenho padecido.
Crede que não há palavras capazes de descrever o infortúnio que tenho experimentado. O tempo se me fez uma eternidade, porque perdi os limites e os contatos dimensionais. É um grande período sem fim...
Recordo que parti da Terra nos últimos dias do ano de 1947, quando se anunciava o Natal, e não me é possível recordar de mais nada, senão o pavor, a vingança, o choro e a visão dos corpos estiolados e das mãos pequeninas acusadoras que se transformaram repentina e violentamente em garras que avançam na direção do meu pescoço, tentando estrangular-me até o meu desfalecimento, para após, acordada, recomeçarem no mesmo suplício de Tântalo, indefinidamente, até aqui...
Quando supunha estar no inferno, lembrei-me da minha mãe e da Mãe de Jesus, e roguei, chorando, com as débeis forças da minha desdita, proteção, socorro, já que a morte não me destruíra e eu continuava vivendo, bem assim a migalha de misericórdia, a mínima gota de luz, a oportunidade de me redimir. Senti, então, que mãos invisíveis me arrancaram das grades em que eu penava e me trouxeram aqui, sem que eu saiba como, para vos ouvir e despertar para compreender. Cá estive várias vezes. Agora estou informada de que deverei voltar, a fim de recomeçar, em tentativas de muita dor, a fixação numa madre uterina, o que me será dolorosamente difícil, para repetir a jornada interrompida, suicida inconsciente que fui e criminosa

---

17. Veja-se *Nos bastidores da obsessão*, capítulo 6, ditado por Manoel Philomeno de Miranda, edição da FEB (nota do organizador).

consciente que me fiz. Venho hoje, aqui trazida, fazer um apelo às mulheres da Terra, neste momento em que o aborto se torna legal em diversos países, em que a mulher aspira à maior liberdade, que, no entanto, é libertinagem, a fim de que reflexionem, e, se possível, voltem-se para outros deveres mais elevados e miseravelmente desprezados, quais a maternidade, o lar e a família, a integridade física e moral, o respeito, suplicando uma baga de luz e uma oportunidade redentora para mim mesma.

CRISTINA FAGUNDES RABELO

17

A CALÚNIA

Meus irmãos, que a minha história mereça o carinho das vossas atenções. Chamemo-la de: a calúnia.
O maior castigo que o criminoso, qual o sou, experimenta, é o da consciência culpada.
O *fardo* mais pesado que conheço é o remorso.
A agonia mais prolongada e cruel para mim tem sido a ansiedade pela própria reabilitação.
O mais amargo ressaibo que experimento é o deixado pelo arrependimento.
Corria o ano da graça de Nosso Senhor Jesus Cristo, de 1913, nesta cidade do Salvador...
Belarmino era ajudante de guarda-livros da firma de B., e se sentia prejudicado pela austeridade do caráter do velho Fragoso, que trabalhava na casa há quase vinte anos. Sisudo, formalista, meticuloso, o guarda-livros era em tudo a figura incomum do homem respeitável.
Belarmino, por sua vez, moço irresponsável, era a personificação do aventureiro, que procurava fruir da vida a maior quota.
Admoestado por mais de uma vez pela integridade do velador comercial da casa, a mesquinhez moral do incorrigível auxiliar planejou, no incontido ódio, uma vingança

contra quem lhe parecia barreira para tentames mais audaciosos no patrimônio alheio.

Competia a Fragoso, além da escrituração mercantil, a guarda dos valores no cofre do escritório de construção frágil, em tabique. Na crueza do plano, o moço, em alucinação, qual venenosa áspide, aguardou o ensejo para aplicar o golpe calculado.

Por ocasião de um descuido do velho servidor, o moço apossou-se, à socapa, de vinte e dois contos de réis – importância elevada na época – e silenciou, programando infelizes resultados. À noite, depois que todos os empregados se retiraram, chamando o patrão, advertiu-o de que vira Fragoso subtrair do cofre, à hora da saída, volumosa soma em dinheiro, certamente no propósito de repô-la posteriormente, e que, no entanto, afirmava, não o impedia de manter o silêncio por acreditar reprochável o comportamento do velho servidor, pois que esse comportamento do guarda-livros se repetira, já, anteriormente.

A calúnia estava lançada.

Convidado pelo proprietário a uma revisão de valores na caixa-forte, na manhã imediata, Fragoso constatou a ausência do dinheiro que fora surrupiado.

Surpreso, não teve como explicar a falta da importância.

Nesse momento, apontado por Belarmino como ladrão, que afirmava tê-lo surpreendido no justo momento do furto, foi levado às barras da justiça e condenado à pena de dez anos de prisão celular.

Foram inúteis todos os seus protestos de homem íntegro e os apelos aflitos da esposa, reduzida momentaneamente à miserável situação da desonra, ao lado dos dois filhos, que se preparavam para enfrentar a vida...

Depois do escandaloso processo e da injusta punição, o homem honrado, não suportando tal vergonha, decepou os pulsos, morrendo à noite, na prisão, esvaindo-se em sangue.

Com tal, muitos afirmaram que o gesto do tresloucado cidadão era um atestado de culpabilidade.

Enquanto isso, Belarmino foi conduzido à zelosa posição de defensor do patrimônio da firma, ocupando o lugar da vítima, granjeando amizades, progredindo... Nunca, porém, nunca se esqueceu do crime que redundara no suicídio infamante.

Sua vida não foi longa, pois o remorso, insidioso verdugo, queimava-lhe o cérebro e o coração incessantemente. A culpa lhe chicoteava a alma; o arrependimento o abraçava com tenazes... Numa noite de agonia, quinze anos depois, atirou-se, corroído pela loucura, ao suicídio igualmente nefando, para fugir, para esquecer, para morrer...

Qual não foi a sua desdita! Logo constatou que o cianureto e o mercúrio que ingerira dilataram-lhe a vida, aumentando-lhe o volume do corpo, lavrando um incêndio que partia do estômago ao cérebro e deste à ponta dos pés, queimando-lhe desde o intestino delgado ao reto todas as fibras, sem lhe permitir morrer. Quando desejou correr, morto-vivo, encontrou Fragoso de pé, junto ao seu leito de autocida, com o dedo acusador, chamando-o ladrão, perjuro, caluniador, *suicida*.

Trazia os pulsos em sangue, com as artérias deformadas quais fossem canos que incessantemente derramassem sangue pastoso, pútrido e coagulado. O rosto, no entanto, naquela roupa e corpo amarfanhados, era austero, apesar da dor e da deformidade, expressando a indescritível amargura do homem marcado pela extrema inquietação, a mais profunda mágoa e o mais intenso ódio.

Oh! Aqueles instantes que se alongaram, indefinidamente!

É inenarrável o que se passou.

Belarmino, semilouco, desejou correr e não pôde. Acompanhou o corpo à tumba e ali permaneceu, anos a fio, com a visão das tragédias que se sucediam, até o dia em que, atormentado pela vítima da calúnia que lhe gritava ao cérebro as acusações, experimentou, no que parecia ser o seu corpo – uma massa plástica, maleável e supersensível em que se agitava –, picadas infindáveis de tridentes fumegantes. Não suportando tantas injunções do sofrimento, orou como jamais o fizera, pedindo a Deus que o perdoasse, que o ajudasse, que lhe desse oportunidade de ressarcir o crime...

Ah! O lenitivo da prece! Orvalho dos céus, é a Mensageira do Pai, abençoando a vida.

Aqui, então, foi trazido. Escutou as vossas vozes e foi encorajado a narrar-vos o seu drama hoje, para lenitivo da sua imensa desdita, depois de ter estado algum tempo participando, em incoercível angústia, destas sessões, custodiado por abnegado anjo da caridade.

O acusador, que traz ainda as lâminas da calúnia que o infelicita e dilacera, sou eu. Apiedai-vos!

Não me esqueço, porém, da minha vítima. [18]

---

18. O irmão Fragoso, a vítima da calúnia, foi igualmente trazido à incorporação mediúnica, quinze dias depois, sendo atendido com imenso carinho.
Merece anotação que ambas as mensagens foram transmitidas ao impacto de aflição muito grande, que o médium registava sob impressões deveras constrangedoras para todos nós, participantes da tarefa socorrista.
Fomos informados pelos instrutores espirituais de que os irmãos Belarmino e Fragoso estão agora reencarnados, como irmãos gêmeos, em profunda aflição, no lar do antigo patrão, novamente no corpo físico (nota do organizador).

Hoje, cônscio de toda a miséria, trago o depoimento da consciência culpada, para amenizar um pouco a dor do ácido que me requeima o cérebro e das feridas que me ardem no aparelho digestivo, esfogueando-me e destruindo-me vorazmente, sem terminar.

Desde aquele dia não conheci repouso, não tive a mínima parcela de paz.

Agora recomeço a vida. A mão generosa que me trouxe e a vossa palavra dão-me alívio. Aqui, sinto-me reanimado e algo aliviado.

A maior punição para o criminoso, qual o sou, é a consciência culpada.

O *fardo* mais pesado que conheço é o do remorso. E o mais terrível suplício vem-me da ansiedade pela reabilitação.

Que me incluais nas vossas preces, bem como a minha vítima, de que ambos necessitamos.

BELARMINO ELEUTÉRIO DOS SANTOS

18

VIVÊNCIA ESPÍRITA

O correto exercício do Espiritismo como condição basilar para o equilíbrio pessoal impõe valiosas regras de comportamento moral e espiritual, que não podem ser relegadas ao abandono sob qualquer pretexto, pois que desconsiderá-las incidiria em grave erro, cujas consequências padeceria o candidato à vida sadia, como distonias de várias formas e lamentáveis processos de enfermidades outras de erradicação difícil.

Não sendo o homem senão um Espírito em árdua ascensão, empreendendo valiosos esforços, que não podem permanecer subestimados para lograr a renovação almejada, a vivência espírita é-lhe terapêutica salutar para as anteriores afecções físicas e psíquicas que imprimiu nos tecidos sutis do perispírito e agora surgem como dolorosos desaires... Simultaneamente, é preventivo para futuras sequelas, vindouros contágios que lhe cabe evitar, na condição de ser inteligente, zeloso da própria paz.

Conquanto as naturais tendências para a reincidência nos equívocos a que se vê inconscientemente atado, dispõe, com o conhecimento revelador dos elevados objetivos da vida, dos recursos liberativos e das técnicas prodigalizantes do equilíbrio, que, utilizadas, constituem o estado ideal que todos buscamos e que está ao alcance do nosso desdobramento de atividades.

Para tal cometimento – o da harmonia –, o código moral do Evangelho, perfeitamente redivivo no conteúdo doutrinário da Revelação Kardecista, tem primazia de aplicação.

Não bastam as tentativas de adaptação ao programa evangélico, tampouco os palavrórios candentes e apaixonados, se não for buscada a atualização da ética espírita, portanto, cristã, incorporada aos atos do quotidiano, a fim de atingir a comunidade, de modo a contribuir, cooperar para a mudança do clima de inquietações e dores generalizadas, ora vigente, ásperos processos que o próprio homem estatui para a purgação compulsória dos males que cria, em esfera de agonia cruenta, loucura avassaladora.

Buscando anestesiar os sentidos nos gozos embriagadores e aniquilar a personalidade tumultuada no tóxico das fugas espetaculares pelo uso indiscriminado dos alucinógenos, mais se entorpece e vicia, descendo cada dia a mais sombrias estâncias de dor, onde, por certo, padecerá maior soma de tormentos e agruras...

Ao espiritista, bafejado pela sublime iluminação da Imortalidade, cabe o indeclinável sacerdócio do amor, de produzir emoções superiores onde se encontre, com quem esteja, consoante seja convocado à ação direta.

A fim de consegui-lo amanhã, indispensável imantar-se de amor e espraiar confiança na vitória do amor, na ingente luta em que nos encontramos, a fim de que o aparente mal dos maus não consiga descaracterizar os lídimos postulados do Cordeiro de Deus, que abraçamos e divulgamos em nome de nova ética, a espírita, que, no entanto, traz a mesma diretriz moral que há vinte séculos apareceu num estábulo, consubstanciou-se numa vida e não pôde ser extinta numa cruz.

BEZERRA DE MENEZES

19

APELO ÀS MÃES

Que Deus tenha compaixão das nossas necessidades! Não sou digna sequer de vos chamar de irmãos, eu, que não soube honrar a maternidade.

Sou aqui trazida pelos instrutores desta Casa para apresentar as chagas da enfermidade ultriz que me aniquila lentamente através de remorso causticante, que ainda me infelicita e inquieta sem piedade.

Tentarei contar a minha tragédia em forma de um apelo às mães.

Fui mãe, no entanto, sou uma suicida moral. Troquei as claras manhãs da esperança pelas noites tenebrosas do arrependimento; permutei a brisa suave do entardecer pelo vento gélido do remorso devastador; joguei e perdi, na mesa das ilusões, a promessa de tranquilidade, sendo arrastada na voragem ardente e cruel de vulcão interior. Deslustrei o compromisso do respeito recíproco no matrimônio, por alimentar, na vacuidade em que me acomodei, a sede terrificante do prazer mentiroso...

Abençoada, porém, por uma filha que me iluminava a loucura da mocidade mal vivida, fiz-me requintada no modernismo faccioso, vestindo-a de boneca para a vitrina da ilusão.

Atarefada nas mil mentiras da fantasia, ajudei-a a crescer sob os artifícios da imaginação e a descobri subitamente selvagem, poluída...

Quando lhe bati às portas do sentimento, encontrei somente a avenida larga das futilidades; quando lhe busquei a honra, somente pude ver a face vulgarizada pelo desrespeito; quando a convoquei ao dever, o sorriso que lhe bailava nos lábios dizia da loucura da sua irresponsabilidade. E tomada repentinamente por enfermidade irreversível, demandei a sepultura sem ter tido tempo de reparar os males que fiz à filha que Deus me emprestou, fazendo-me detentora de um bem que é Seu e que eu atirei fora.

Hoje, de coração lanhado, de alma despedaçada, acompanho-a pelas ruas em caminhadas noctívagas – borboleta da ilusão –, e escuto-lhe o pensamento chicoteando-me: *"Megera e ingrata, que se evadiu do mundo através da morte, deixando-me morta nesta vida de misérias".*

Quando lhe tento falar aos ouvidos: *"Filhinha, aqui estou, perdoa-me o que fiz de ti"*, parecendo ouvir-me pelo pensamento atormentado, retruca, desgostosa e infeliz: *"Não tenho mãe! Sou um corpo vencido ajudando o mundo a apodrecer".*

◆

Oh! Mães, meditai um pouco, ouvi meu apelo. Não venho da sepultura para gritar inutilmente! Não é a voz do remorso que clama, nem o arrependimento que grita. É o sofrimento que suplica: *"Poupai vossas filhas, guardai vossos filhos!".*

O cinema moderno e a televisão *educativa* para onde os levais são a serpe enganosa que os pica, injetando-lhes o veneno letal do desejo que os consumirá e desgraçará.

A noite de alegria que reservais para nós outras, nas reuniões da futilidade, dai-a aos vossos filhos, ficando com eles no lar.

A planta tenra que não recebe sombra protetora vai queimada pelo Sol inclemente ou crestada pelo frio cortante que a açoita, vencida pela chama ardente ou arrancada pelo vento tempestuoso.

As crianças são débeis plantas do jardim do amor! Todo sacrifício pelos filhos é pouco.

Nós os nominamos como amores nossos, mas não lhes damos o nosso amor. Dizemos que são o futuro, mas lhes amarguramos o presente com a quase indiferença. Chamamo-los promessas e martirizamos-lhes a esperança. Ganhamos todos os prazeres, brilhando no mundo, e deixamos que a inconsequência, filha da negligência dos nossos atos, lhes assinale os passos.

Trocai as fantasias pelo respeito à verdade, ao lado das crianças: nem a austeridade da clausura, nem a libertinagem da *motoca*; nem a exigência monacal, nem a indiferença do anarquismo; nem o potro da proibição, nem o descuido da invigilância; nem a corda punitiva, nem o desrespeito total. Acima de todas as coisas, o amor que observa e corrige, que acompanha e educa, que disciplina e consola, porquanto, sem dúvida alguma, não há melhor método pedagógico de educação do que o amor honrado, constante e firme de uma mãe que faz do lar um santuário onde os filhos são as messes abençoadas da vida.

Dai as vossas alegrias de agora, mães, sofrendo um pouco, certamente, para experimentardes a ventura, mais tarde, vendo os vossos filhos ditosos, e não carregardes o fardo que ora me esmaga, experimentando, dia a dia sem nunca cessar, o gosto amargo do fel do remorso.

Marta da Anunciação

20

PROPAGANDA E DIVULGAÇÃO ESPÍRITA

Quando da implantação do Reino dos Céus entre os homens, aqueles que se fizeram beneficiários das curas realizadas por Jesus tornaram-se naturais propagandistas da fé, exaltando as excelências do bem de que se viram objeto, entre exclamações laudatórias e narrações entusiásticas.

Suas vozes atraíram compactas multidões, que se renovavam, sempre ávidas de mais *sinais* e maior soma de recursos com que se beneficiassem, irrequietas e levianas...

No entanto, enquanto prosseguia a propaganda arrebatadora, em volta e a distância do Senhor, a divulgação da Boa-nova encontrava somente raros Espíritos resolutos e dispostos ao engajamento nos seus dispositivos redentores.

O arrebatamento das primeiras horas dava lugar à suspeição e ao afastamento das diretrizes severas, que impunham o renascimento íntimo de cada um, embora se sucedessem as expressões de ventura e júbilo, diante das repetidas conquistas imediatas, de ordem pessoal.

No dia da cruz, porém, os propagandistas afoitos se evadiram, demandando as distâncias acautelatórias e convenientes.

Mas as lições que renovaram muitos, definitivamente, graças à salutar divulgação que Ele realizara no ministério da convivência pessoal e do exemplo sistemático, se encarregariam de espraiar a mensagem de vida pelas trilhas do futuro...

Ainda hoje, nas tarefas do Espiritismo – encarregado de restaurar o Cristianismo na sua primitiva pureza – multiplicam-se os que fazem a propaganda bombástica, aliciando interessados imediatistas nos recursos da mediunidade, de que pretendem utilizar-se nem sempre com elevação, ou que procuram aderir à Doutrina Espírita somente porque *está na moda*, através de apressada filiação formal e aparente, sem maiores consequências.

Aplaudem ruidosamente, ovacionam encomiasticamente, cercam de bajulação dourada e enganosa, intoxicam com homenagens transitórias, disfarçadas, dizendo que são benéficas para a melhor propaganda da Causa, como se o Espiritismo necessitasse das exteriorizações e dos ruídos que perturbam, produzem impacto, sugestionam, mas passam com a mesma rapidez com que chegam.

Fazem-se agentes da nova fé, defensores dos seus postulados, atormentados coligidores de estatística, desejando para a Mensagem Reveladora os lugares de destaque, antes ocupados pelos antigos corretores equivocados da governança religiosa da Terra...

O divulgador, no entanto, discreto e consciente, é membro do Reino de que dá notícia, informando com segurança, esclarecendo com paciência e deixando as sementes do Evangelho plantadas, em definitivo, nas províncias da alma humana sofredora.

Suas lições trazem a técnica da vivência e da experiência da fé, em que consubstanciam os seus ensinos, a fim de impregnarem os que os ouvem, desejosos de vida nova, nas bases austeras e relevantes do Reino de Deus.

Não obstante propaganda e divulgação sejam, lexicalmente, a mesma coisa, merece consideremos, em Espiritismo, que:

O propagandista passa, o divulgador permanece.

Aquele é agente que espera recompensa, este é servidor que se felicita ajudando.

Um tem pressa, o outro espera.

O primeiro conhece por informação de outrem, o segundo sabe por integração pessoal.

O propagandista, por qualquer insucesso, encoleriza-se, reage, sente-se decepcionado. Anseia pelos resultados expressivos e volumosos. Procura êxitos pessoais no labor a que se propõe.

O divulgador ensina e vive, deixando ao futuro os resultados que não ambiciona colher, porque se reconhece na condição de servo inútil que apenas "fez o que devia fazer", e sabe que, para alguém tornar-se espírita, isso nem sempre depende de um momentâneo ato de querer, porém se faz indispensável tudo investir para poder sê-lo, porquanto o verdadeiro espírita "é tocado no coração, pelo que inabalável se lhe torna a fé", como ensinou Allan Kardec, e, para tanto, não se fazem necessárias as aparências exteriores.

ABDIAS ANTÔNIO DE OLIVEIRA

21

RESGATE

Meus irmãos!
Estou rogando a Jesus que abençoe as nossas almas, na senda purificadora dos resgates necessários.

Pedem nossos instrutores espirituais que eu vos conte a minha experiência, que, afinal de contas, não apresenta nada de novo e é semelhante a tantas outras que se encontram diariamente nos bairros menos favorecidos pelos dons da fortuna, onde residem a pobreza e o abandono...

Até onde posso recuar, aquela noite ficou gravada na minha alma com as marcas mais profundas do horror.

Chovia desde cedo, e o céu azul da cidade de Santos, sempre belo, encontrava-se encolerizado, como se titãs violentos se atirassem em terrível luta, despedaçando, no alto, gigantescas florestas que caíam, na terra, revestidas de granizo sob ventos e temporais.

Na cama, vencida por cruel carcinoma, eu mergulhava em terrível inquietação.

Dores lancinantes devoravam-me as entranhas, como se animais em movimento, minúsculos e vorazes, me destruíssem as células, repuxando-me os nervos e os músculos para os fulcros do aparelho urinário. As dores atingiam o zênite, e a tormenta chegava ao clímax.

Preparada pela confiança em Deus, orava, pedindo forças, no barraco de tábuas, na encosta do outeiro de Monte Serrat, rogando aos Céus que inspirassem alguma alma piedosa a me socorrer, ou me enviassem o anjo tutelar da morte, de maneira a fazer-me despojar do corpo falido e esgotado, fechando-me os olhos para o repouso definitivo, que certamente não poderia demorar...

Simultaneamente, como se os gênios do arrasamento estivessem dentro de mim, em luta feroz, desejando arrebentar as cadeias de carne que os prendiam nas minhas vísceras doridas, o sofrimento me estraçalhava e o desespero, sorrateiramente, tomava conta do meu cérebro incendiado pela agonia atroz.

Pus-me a gritar enquanto o vento ululava lá fora, arrancando as tábuas da casinha que a compaixão dos outros construíra, quando eu ainda tinha algumas forças para mendigar.

O trovão gargalhava da minha dor, o relâmpago montado em velozes coriscos atravessava os céus, rompendo de alto a baixo as nuvens que se liquefaziam.

[...] E eu angustiada, esfaimada, vencida, ouvi de súbito que uma avalanche terrível, como o acionar de mil hélices de avião se aproximava em volúpia esmagadora, num átimo cessando, fazendo-me despertar num rio de lama e pedras que destruíra tudo na sua passagem...

As dores atingiram, então, incomum intensidade e, acordando da pancada que me fizera desfalecer, vi-me subitamente mergulhada numa caudal de lodo, a debater-me aflitivamente entre os destroços, com o corpo vencido ao peso da terra e das pedras...

Inutilmente tentei gritar, sentindo as aflições multiplicadas ao infinito.

Desejei erguer de cima de mim a montanha de destroços, mas os braços não respondiam ao apelo do cérebro. Quando, asfixiada pela água lodosa, me sentia sufocar, escutei, como se viesse do fundo da minha mente, uma voz enérgica: *"Calma, Firmina, sorve até a última gota o cálice de amarguras que tu mesma encheste, quando estavas na opulência da tua miséria".*

A voz crescia, enquanto eu ansiava por evadir-me dali, de libertar-me de tudo.

Inesperadamente, sem que saiba como explicá-lo, vi-me caminhando com precipitação em corredores longos e úmidos, por cima dos quais, subterrâneos que eram, passava um rio.

Não tive dificuldade em identificar aqueles sítios, com a mente acionada por estranho sortilégio. Avançava com passo aligeirado entre sedas farfalhantes, carregando na alma o estigma de ódio cruel que me amargurava o coração e me amargava os lábios.

Aproximei-me da grade de escura cela, e, ao império de minha ordem, o carcereiro imundo abriu a fechadura enferrujada, facultando-me a aproximação de débil mulher, em cujo rosto estava o palor da morte e a presença da mansidão, como da inocência.

Com mãos potentes quais tenazes de ferro, estrangulei-a, gritando-lhe aos ouvidos: *"Não poderás, agora, ser nem a esposa nem a amante do homem que eu amo. Paga, maldita! Paga, nas mãos do poder, o crime de seres mais bela e cobiçada do que eu".*

A mulher debilitada, sem opor qualquer resistência, debateu-se levemente, qual pombinha fraca, nas garras férreas da águia, e ali, desfalecendo, morreu ante minha visão de louca...

Chamei o guarda e mandei atirá-la nos esgotos, que passavam rentes ao rio.

Voltei pelo mesmo corredor sombrio, carregando na alma, que sorria, satisfação incontrolada...

Subitamente, retornei ao sítio anterior em que eu estava esmagada pela terra, a debater-me na asfixia da umidade do lodo, desejando erguer de mim aquele peso, e sentindo, simultaneamente, as dores do câncer no corpo vencido.

Sem compreender o que ocorria – e tudo parecia uma alucinação –, novamente ouvi a voz, agora externa, que me dizia: *"Filha, estás livre. Acabas de recuperar o débito ante a própria consciência. O vaso a que te apegas não mais te serve; preencheu, já, a finalidade a que se destinava. A vitalidade que o nutria, agora se espraia. Vem, libra-te no ar, para recomeçar a vida outra vez, mais além".*

Duas mãos muito alvas atravessaram aquele horror que me prendia às pedras, à lama e à água, enquanto, desfalecendo novamente, despertei mais tarde, num lugar aprazível, em que o Sol é muito belo e em que o céu dourado brilha ridente, convidando a meditações profundas.

Aqui estou, meus irmãos, atendendo aos nossos instrutores.

Se vos pudesse dizer algo mais, sugeriria: aproveitai a bênção da carne, enquanto caminhais na carne, para vos reconciliardes com a própria consciência. Passa tão rapidamente a vida, como ensina o Livro dos Cantares.

Quando a mensageira da *morte* nos arrebata e olhamos para trás, a vida já passou num átimo de minuto.

Sofrei, pois, com paciência! As dores de hoje são resgates de ontem. É tudo quanto eu vos posso dizer, rogando a Jesus que nos abençoe a todos.

FIRMINA

22

PLEGÁRIA

Senhor Jesus!
Eis-nos diante de Ti com as nossas necessidades colocadas nas mãos convertidas em taça de esperança, apresentando a larga fatia das nossas aflições e formulando apelos de socorro pelo labor da nossa redenção.

Amigo Divino!

Gostaríamos de acertar o passo Contigo, mas nos encontramos aferrolhados à insensatez e à criminalidade, tanto quanto aos desequilíbrios do pretérito, que renascem em forma de desarmonias do presente, qual estivemos nos dias que passaram...

Tentamos monumentalizar a Tua obra de amor, todavia, deparamo-nos agarrados aos instrumentos da destruição, quando pretendemos edificar; prometemos corrigir as arestas e lixar as imperfeições, apesar disso, descobrimos a cada instante que a Tua luz se projeta sobre nós, e nos identificamos com maior quota de sombra interior, mais volume de inquietações...

Rogamos que te apiades de nós e que nos envolvas nas vibrações sutis e cariciosas da Tua mercê, porque ainda não podemos dispensar o Teu concurso sublime e nobilitante, já que nos reconhecemos na categoria do bruto que transita no instinto em direção da inteligência e sonhando com a angelitude que nos tarda, impedindo-nos a contemplação do Mundo maior...

Benfeitor incomparável das nossas necessidades!

Depositamos em Teu coração as débeis flores da nossa alegria, que logo murcham, por incapazes de resistir ao suceder das horas.

Irriga o jardim das nossas esperanças, para que possamos, em futuro não remoto, oferecer-Te a grinalda dos sorrisos, em expressões demoradas de trabalho e reconhecimento.

Como nos encontramos aflitos – consola-nos.

Porque caminhamos desesperados – tranquiliza-nos.

Diante da nossa ignorância – ilumina-nos.

Considerando o nosso sofrer – socorre-nos.

Além de todas as nossas rogativas, porém, permanece iluminando o roteiro por onde avançamos, paulatinamente, para que não tropecemos na *sombra* de nós mesmos, sombra que projetamos para frente, e, assim, possamos alcançar o termo da sublimação que nos prometes.

Senhor Jesus!

Agasalha-nos nas Tuas mãos generosas, pois sentimos frio; o frio da nossa própria impulsividade, do remorso dos nossos erros passados e deixa que o calor da Tua munificência e da Tua caridade nos aqueça demoradamente por todo o sempre.

Marco Prisco

23

A GRANDE USINA

Irmãos da crença vivificadora:
Louvado seja Nosso Senhor Jesus Cristo!
Na minha última peregrinação pela Terra, fui aquinhoada com as faculdades mediúnicas para o abençoado labor da caridade.

Chamada ao Espiritismo por uma série de fenômenos naturais e por inenarráveis aflições íntimas, que me foram impostas pelo passado cheio de compromissos com Entidades a quem eu vitimara, despertei para o intercâmbio com o Mais-além, através do sonambulismo espontâneo e da psicografia mecânica.

Pouco afeita aos estudos sérios da Revelação Kardecista, entretinha-me na frivolidade da quiromancia e dos favores divinatórios, através dos quais, no entanto, os Espíritos superiores se serviam, utilizando-se dos meus registros mediúnicos para me conduzirem, como aos meus clientes, à retificação dos erros, à prática do bem, ao exercício ininterrupto e correto da mediunidade.

Conheci de perto, no corpo somático, venerandos companheiros da sementeira espiritista, na cidade do Rio de Janeiro. Fui largamente beneficiada pela convivência ao lado de abnegados lidadores da caridade, da iluminação dos Espíritos pela palavra nobre, do amor ao próximo. Apesar disso, detive-me, infelizmente, apenas no pórtico da mediunidade...

Muitas vezes, em deslumbramento, acompanhava a celeridade da minha mão enchendo laudas e laudas de papel com romances e instruções, hoje em letra de forma. Na coletividade espiritista brasileira, pela minha boca, abnegados mensageiros do Mundo maior encandeceram o verbo da redenção, elucidando, consolando, advertindo. Entidades sofredoras, como eu mesma, serviram-se da minha instrumentabilidade para trazer seus depoimentos de dor e receberem, nos banquetes inesquecíveis das sessões em que tive a honra de privar, a palavra arrebatada de amor e a diretriz segura pela voz embargada dos diretores encarnados, fortemente vinculados aos Planos espirituais.

Mas não fui além. Faltou-me o espírito de abnegação. Quando soou a minha hora de retorno, despertei, lamentavelmente atormentada, com a consciência livre das peias pieguistas e justificadoras da autocomplacência em que me demorava. Contemplei, então, a imensa gleba que eu poderia ter joeirado, o campo a se desdobrar em *tarefas* e *tarefas* de terra nobre que me foram dadas a zelar, vencido pela inutilidade, pelo escalracho do abandono, pela estagnação, miraculosamente transformado em valhacouto de malfeitores e reduto miasmático de peste, referto de animais perniciosos.

Não é necessário que eu descreva a apreensão que de mim se apossou! A consciência vigorosa despertando sob o látego da culpa, as mãos vazias de feitos iluminativos que projetassem no céu dos meus tormentos as estrelas fulgurantes da caridade dilatada, tornaram-se suplício ominoso.

Lembrei-me, então, dos meus tempos de religiosa, ao impositivo da fé romana, e como o pranto me inundasse, de repente deparei-me numa igreja. Senti-me estranha em mim mesma...

Sim, não me faltou a caridade paternal de benfeitores generosos e anônimos, do meu anjo da guarda, que me sustentavam... Faltou-me, sim, mérito próprio, aquele aplauso que a consciência oferece sem palavras a quem age como operário que dá conta do seu dever, e verifiquei, na casa antiga de adoração a Deus, o desequilíbrio de Entidades perniciosas e malévolas, e a quase ausência daquela vitalidade de fé que me asserenasse interiormente. Fui conduzida, então, por essas mãos anônimas e santas que eu não percebia, ao Centro Espírita em que eu mourejara, sendo a paisagem ali muito diversa. Ouvia, agora, a palavra de exposição doutrinária com outros *ouvidos*; com outros *olhos* via e sentia com singular percepção as vibrações de difícil descrição, enquanto a tônica do nome do Senhor era calmante e medicamento refazente.

Eram, no entanto, os mesmos homens que eu conhecera; algumas, as mesmas mulheres de outrora. Como eu os via, agora, compreendia que eram operários da grande usina do Amor Divino, vinculados à administração do Alto, na execução de um programa adredemente traçado, do qual se desincumbiam a contento.

Então, irmãos da fé vivificadora, quanto de bênçãos ali recolhi, quanto de renovação se apossou da minha alma! Só então compreendi a missão do Centro Espírita – tardiamente, é verdade –, e o sacerdócio da mediunidade se me afigurou como a mais santificante oportunidade que um Espírito pode receber para ressarcir débitos e elevar-se.

Compreendi que, se na outra igreja a fé era um lírio espontâneo que medrava, vencendo dificuldades, ali, no Centro Espírita, a palavra do Senhor era lição viva em diferente escola educativa, de onde a luz projetada em farta messe a todos iluminava interiormente.

Venho rogar, meus irmãos, para que tentem registrar com fidelidade o programa divino nas paisagens mentais, desde que estão vinculados à administração da Usina da Vida, detentora de vasto programa a executar.

Ante as dores que nos chegam e nos surpreendem, que vocês não digam: *"Nada tenho com o meu vizinho!"*.

O espírita não se pode acomodar na indiferença. É parcela ativa de quanto se passa em derredor, por ser mensageiro da luz. Não sentir-se ofendido nem magoado nunca, porquanto a estrela clarificadora não retribui o negrume da noite com trevas...

Venho pedir-lhes, companheiros da fé, maior espírito de integração no Espírito de Jesus Cristo, para melhor sintonia com a Vida e mais feliz desembaraço na jornada.

[...] E o solicito, macerada pela experiência do fracasso próprio.

Que o Senhor nos abençoe!

E. L.

24

PROBLEMAS E DOUTRINA ESPÍRITA

Com a crescente e vigorosa divulgação do Espiritismo sob as bênçãos generosas de Jesus, vulgarizam-se também falsos conceitos que encontram *ouvidos* descuidados, dispostos a recolher informações sem fundamento, dando guarida a esperanças falsas que a realidade se encarregará de retificar.

Nesse particular, a lição do tempo é sempre valiosa contribuição para o despertamento das consciências que se demoram adormecidas, longe do esforço útil e da combatividade ativa.

Nem todos que se deixam arrastar por entusiasmos sem fundamento e se empolgam por quimeras enganosas conseguem, embora a experiência dos fatos, recolher o material de responsabilidade e o tirocínio que se fazem imprescindíveis para uma existência segura no corpo, a coroar-se de paz e felicidade pelos caminhos da evolução.

Acomodados a princípios equívocos, de religiosos enganados e de religiões enganadoras, chegam ao porto espiritista acalentando anseios impossíveis e manipulando pensamentos interesseiros que ofereçam meios capazes de transferir os problemas que lhes dizem respeito aos Espíritos bondosos, encarregados pelo Senhor da sementeira da Luz no orbe terrestre angustiado, onde se demoram por imperiosa necessidade evolutiva...

[...] E aguardam drágeas em boa embalagem para todas as síndromes orgânicas, mediante ligeiro apelo em precipitada e inexpressiva oração; pílulas coloridas para corrigirem o humor, libertando o aparelho endocrínico dos miasmas mentais, de há muito acumulados em anos a fio de desrespeito à maquinaria somática; xaropes de esperança para o sucesso fácil na vida de relações humanas; filtros modernos para o amor fagueiro e alígero; vapores aromatizados para expulsão dos gênios maléficos que outros não são, senão os amores ludibriados na retaguarda; unguentos miraculosos de aplicação rápida sobre as telas da memória, com ação balsamizante e entorpecedora, produzindo olvido aos erros e leviandades; loções suaves que provoquem simpatias em redor, gerando alegria e cordialidade...

Gostariam de encontrar respostas para as indagações que lhes competem atender; opiniões exatas para empreendimentos monetários; revelações especiais e transcendentes sobre o futuro; facilidades, enfim, cujo direito a si se arrogam dentro de um roteiro de leviandades que primam pela infância do raciocínio e incoerência do pensamento...

Como nada conseguem em programas de tal jaez, debandam, revoltados, resmungando termos desconexos, decepcionados, dizem, com o Espiritismo e sua Doutrina.

Na verdade, são almas doentes que poderiam encontrar a paz interior, recuperando a saúde mental e física em decorrência das próprias atitudes renovadas à luz meridiana da fé e sob as bênçãos significativas do trabalho.

Sabemos, graças às modernas conquistas das ciências psicológicas, que as enfermidades se originam na *psique* em desalinho, e, desde o século passado, o Espiritismo vem demonstrando, pela experimentação, que todas as enfermidades procedem do Espírito endividado, que busca recuperar o patrimônio malbaratado antes.

Endopatias, gastralgias, psiconeuroses, nevralgias, problemas epilépticos, alergias, baciloses, rinites, sexopatias, cefaleias, hipocondrias são reflexos do metabolismo inarmonizado, graças às disfunções dos centros vitais ou de força no perispírito, encarregado de plasmar no *soma* as necessidades evolutivas do Espírito encarnado, felicitado pelo ensejo de resgatar e ascender...

Em razão disso, antes de qualquer solução *milagreira* é imperioso um processo de renovação mental-espiritual de dentro para fora através da oração, do estudo e da meditação para transformar todo débito em valor significativo de autolibertação, mediante esforço disciplinante, salutar e contínuo, em cujo labor se fixam novas diretivas capazes de apressar o retorno da saúde, e, consequentemente, da paz...

Sábios, como são, os mensageiros espirituais recomendam que, nos pedidos das modernas orientações espirituais, seja utilizada a água magnetizada ou fluidificada como veículo medicamentoso pelo qual energias vitais da mãe Natureza podem beneficiar, quando, em oração, o apelante ergue o pensamento às abundantes nascentes da Espiritualidade.

A hidroterapia, usada desde a Antiguidade Oriental e hoje aplicada com perfeita acolhida acadêmica, pode facultar, a quem se imanta ao Pensamento Divino, recursos magnéticos de alta significação.

Cultivemos, desse modo, a prece e o estudo, a meditação e o passe, a água fluidificada e a renovação íntima, marchando para Jesus, sem esquecermos o preceito do codificador: *Fora da caridade não há salvação*. Caridade para com o próximo, sim, que seja também iluminação de nós mesmos com vistas à nossa libertação do círculo das reencarnações inferiores pela incidência nos velhos equívocos que, há milênios, nos prendem aos elos da aflição e da enfermidade, dos problemas impiedosos e punitivos.

Arthur de Souza Figueiredo

25

CONSCIÊNCIA LIVRE

Em face das limitações que predominam no corpo físico, impedindo ao transeunte da matéria a visão esplendorosa da imortalidade; tendo em vista os empeços que se somam na órbita das necessidades físicas, desviando, não poucas vezes, a atenção de Espíritos bem-formados das diretrizes superiores da vida; examinando os óbices perfeitamente compreensíveis que surgem e obstruem as estradas por onde laboram os que se propõem à sublimação de si mesmos; considerando os impostergáveis deveres de ordem espiritual, no tumulto das obrigações menores em que o homem da Terra se debate, não há como adiar-se a necessidade de uma revisão de conceitos em torno dos problemas transcendentes da alma encarnada, como prelúdio para o salto redentor em direção da madrugada sublime do amanhã grandioso que a todos nos aguarda.

Imperioso libertar consciências, no atual estágio da evolução humana.

Amarras, portanto, de qualquer natureza, retêm o Espírito em retaguarda de lamentável aflição.

Crendices e superstições acolhidas e cultivadas por milênios não podem, indubitavelmente, ser removidas de imediato, mas devem, paulatinamente, receber a iluminação que faculte ao ser galgar mais elevado degrau da senda ascensional por onde avança.

O Evangelho de Jesus, por esta razão, é rota luminosa e ampla, facultando redenção total do Espírito humano que se resolva a marchar intimorato, vencendo sucessivas e necessárias etapas. E o Espiritismo, que o atualiza em linguagem consentânea à mentalidade moderna, revitalizando o Espírito humano desfalecente e convidando-o a conjeturas elevadas quanto inadiáveis, constitui, pelo seu valor intrínseco e pelas suas qualidades excepcionais, a resposta segura da Vida, capaz de equacionar os problemas mais graves, causadores da inquietação na Terra, ensejando soluções condignas para os magnos e afligentes tormentos que varrem os diversos quadrantes do orbe em agitação.

Enxameiam, necessariamente, em todos os departamentos do planeta, cultos e crenças, religiões e crendices; multiplicam-se seitas e promíscuas manifestações de religiosidade inferior, tentando ensejar ao homem encarnado a visão gloriosa de Deus e da Imortalidade... Apesar disso, os arcanos sublimes da Vida espiritual permanecem, logicamente, em painel de difícil elucidação imediata para as momentâneas limitações da inteligência, que os não pode abarcar de inopino e de improviso, apequenada como se encontra na mesquinhez dos seus raciocínios diminutos.

Todavia, a informação exuberante dos Espíritos redivivos Além do túmulo faculta, já, ampla visão do horizonte sem-fim da vida, que se desdobra generosa e produtiva na realidade extrafísica, comprovando que a escola terrena é apenas departamento transitório da *Casa de Deus*, que se desdobra pelas galáxias inomináveis a se perder ao infinito do Cosmo...

Ocorre que a morte – que deve ser libertação – nem sempre se transforma em libertadora para todos, especialmente para aqueles que cultivaram a ignorância e que se demoraram nas paixões, amarrados aos destroços das recordações pretéritas, nas quais teimam espontaneamente em continuar.

Desencarnar, portanto, nem sempre significa libertar.

Consciências entenebrecidas jazem, depois do sepulcro, nos departamentos em que se detiveram em sombra e engodo, amortalhadas sob os crepes escuros e pesados da própria insensatez. Por isso mesmo há masmorras incontáveis Além da morte, retendo Espíritos atribulados e semifalidos em punitivos ergástulos com que se depuram vagarosamente através do tempo.

Assim considerando, utilizemo-nos todos do Espiritismo para libertar as consciências que ainda se demoram nas névoas perturbadoras do primitivismo e da sandice.

Quebrar algemas, desfazer elos danosos, desjuntar os grilhões que nos atam a estas ou aquelas conceituações escravocratas é dever que não podemos adiar, sejam quais forem as razões que nos prendem ao cultivo das suas nefandas e retrógradas manifestações...

Jesus é o exemplo excelente da liberdade total, e a Doutrina Espírita, que agora honorifica o Espírito humano na Terra, é o sol que no-lO faz entender, que O desvela e que nos convida a segui-lO, passo a passo, na imensa via da nossa redenção, até atingir a gloriosa Casa do Caminho, na Jerusalém libertada, que está à frente dos nossos olhos, logo após conseguida a vitória sobre nós mesmos, sobre as nossas paixões, sobre o nosso degredo na Terra...

De consciências livres, enfim, reconsiderando atitudes e reexaminando apreciações, libertemo-nos, libertando os que, na Terra ou fora dela, atados a reminiscências negativas e limitadoras de vidas pregressas, esperam pelo sol aquecedor da paz, em nome do bandeirante supremo da liberdade: Jesus Cristo!

Colombino Augusto de Bastos

26

CARTA À MAMÃEZINHA

Mamãezinha.
Ouvi-te todos os soluços e vi todas as tuas lágrimas, registrando-os no meu coração.

Com o afeto da minha alma dedicada, procurei enxugar-te o pranto, aquecendo-te, na frieza da distância, com o calor da minha presença.

Segui-te os passos mil vezes e ajoelhei-me contigo junto à sepultura onde eu já não estou...

Tomei nos teus lábios a rosa perfumada da oração e balsamizei meus sofrimentos.

Dirigi-te ósculos de carinhos e privei contigo do doce enlevo da comunhão espiritual.

Porém, mamãezinha, choravas sem consolo e imprecavas contra Deus, sem resignação.

Falei-te aos ouvidos mil vezes, mas me refutavas, através da cegueira do entendimento.

Tomei de minhas mãos e fiz delas uma ânfora onde depositei o meu amor, banhando-te a cabeça querida com a água lustral do meu eterno querer. Entretanto, demoravas-te entre a inquietação e o desespero, sem abrir uma brecha na mente, para meditar em torno do nosso amor.

Chamaste-me tanto, querida, que procurei agasalho no teu ventre para retornar, mas te detinhas com as portas fechadas para que ninguém voltasse a modificar as formas do teu corpo, com o qual presenteavas o tálamo conjugal, na ternura do entendimento matrimonial.

Durante anos acompanhei teus passos e embrulhei-me nas trevas da dor, atendendo-te o apelo, sentindo frio, do lado de fora e desejando o calor do teu corpo, todavia, não me recebeste...

[...] Por fim, descuidadamente, deste-me amparo no seio e meu corpo nascente entoou um hino de exaltação à vida, porque, novamente, poderia beijar-te os braços, nutrir-me no teu seio e viver nos teus anelos. O que seria meu débil coração, pulsou em forte vibração de alegria.

Encolhi-me todo no ovo para que, em breve, pudesse sorrir ante a luz dos teus olhos marcados de alegre pranto. Nem sequer notaste a minha presença. Só mais tarde!...

Recordo-me que a vida crescia nos meus fracos músculos e que a ossatura se delineava, trazendo a estatura do papai, enquanto os olhos possuíam a cor dos teus olhos claros.

No entanto, mamãe, tu, que tanto me chamavas, quando sentiste a minha presença, revoltaste-te tanto quanto no dia em que parti. Inutilmente supliquei piedade, roguei auxílio, imprequei a Deus, por nós. Estavas louca! Arriscaste a própria vida para expulsar-me da tua vida...

Dizias amar-me muito e marcavas as lembranças com a umidade das lágrimas. Apesar disso, recusavas-te receber-me pela única forma possível: o veículo da carne! E me atiraste nas mãos assassinas de um charlatão impiedoso, enquanto eu vagia no teu ventre, suplicando compaixão e oportunidade.

Desejava viver contigo, mamãezinha, para pentear-te os cabelos de prata, na velhice, colocando flores de esperança sob teus pés cansados das pedras da vida. Porém, não me recebeste; não me quiseste mais...

Todo o teu amor era mentira, todo o teu desejo era enfermidade.

Não sabias ou não quiseste saber que aquele embrião deformado, extirpado do teu seio, era eu quem voltava, mãezinha querida! Era eu com frio que me agasalhava no teu calor e esfaimado, que buscava o pão nutriente da tua alma.

Como tenho pena de ti, pobrezinha!

Ainda choras porque me fui, mas não guardas remorsos de quando me expulsaste com violência.

Reclamas contra Deus porque me chamou com amor, mas não te lembras que me assassinaste com impiedade.

Oh! Mamãezinha, deixa-me voltar!

Desejo abraçar-te a vida e beijar-te o colo amigo!

Escuta-me, mamãezinha! Ajuda-me a retornar aos teus braços para dormir no teu seio, outra vez!...

ROBERTINHO

27

CARTA DO ALÉM

Meu filho, perdoa-me voltar à tua consciência. Continuo vivo e sei que na tua memória estão impressos, a golpe de remorso implacável, os últimos dias do nosso encontro, e, como tu, também eu não me olvido da nossa despedida.

Lembro-me bem: a dispneia ultrajava-me o corpo vencido, quando te pedi a medicação calmante. Teu olhar, porém, meu filho, quando me trazia o copo, disse-me tudo. Quis recuar; não pude. A tua ansiedade parecia pedir-me que sorvesse o conteúdo do vasilhame em que tuas mãos nervosas pingaram a dose fatal de arsênico. Essa ansiedade, que não tenho conseguido esquecer, imprimiu na minh'alma emoções desordenadas e, no momento em que o veneno escorria pelo meu tubo digestivo e o suor descia em bagas, pelo teu rosto, eu me revi moço, como se a aproximação da morte tivesse vencido o tempo e eu recuasse aos primeiros dias do lar. Via-me a reter-te nos meus braços vigorosos, após a partida da tua mãe para o Mundo espiritual, procurando ninar-te o sono leve. Lembrei-me das noites que passei debruçado sobre o teu leito de criança, procurando acarinhar-te, esquecido de mim mesmo. Via-te crescer, enquanto desenvolvia uma grande atividade para reunir as moedas que iriam fazer a nossa felicidade no futuro, quando estivesses estuante de mocidade, e eu envelhecido. Recordei a educação primorosa que te dava, enquanto as minhas mãos se calejavam no trabalho! Frequentavas a Faculdade de Medicina e, nesse justo momento das lembranças, minha mente se turbilhonou sob a força incoercível dos vapores cruéis, quando me senti desfalecer. Ainda pude concluir, antes do delíquio, que o filho que eu ninara com as minhas mãos assassinava-me para se apossar do cofre forte da nossa casa, onde eu guardava as moedas e as cédulas que sempre foram tuas.

Não morri, meu filho. Não me conseguiste matar. Rompeste somente as roupas velhas e cansadas que me pesavam, que me vergastavam, porque, verdadeiramente, eu morrera muito antes, quando a tua mãe partiu e não mais pude ser feliz... Já naquele tempo, procurei transfundir a minha vida na tua vida; o amor que a morte me roubara, transferi-o para ti em forma de confiança e alegria, de esperança e júbilo.

Por que te precipitaste, meu filho?

Depois que os tecidos se desfizeram e eu me descobri vivo, pus-me a examinar a própria situação e lembrei-me da história da serpente que picara o peito que a amamentava. Fizeste o mesmo. Assassinaste-me...

Mais tarde, só mais tarde eu pude compreender muito mais. Restava-me de vida física um mês aproximadamente. A tua precipitação nos arrojou a ambos num abismo insondável, vítima que eras da ambição. Essa mesma ambição que é geratriz de todos os males.

Depoimentos vivos

Acompanhei-te, a princípio, tomado por um ódio que me requeimava mais do que o arsênico no estômago. Ódio que me fazia enlouquecer enquanto tuas mãos mergulhavam no dinheiro do meu suor, vendendo as propriedades para gastares no lupanar, seduzido por infeliz mulher que, por sua vez, era escrava de outra mulher desencarnada que te odiava e odeia ainda, e a quem, em vida pregressa, destruíste o lar como agora me destruíste o corpo.

Oh! Meu filho! Não suporto mais continuar com esta lembrança, revendo-me nas tuas mãos, impotente para reagir e ouvindo a tua voz nervosa, a repetir: *"beba, meu pai, você vai dormir"*.

Não, meu filho. Não dormi, pois o pesadelo continua...

Vejo-te, agora, sucumbindo lentamente, dominado pela adversária do passado e utilizo-me deste *correio*, por falta de outro, para que a minha voz chegue aos ouvidos do teu coração.

Desperta, meu filho, antes que seja tarde demais.

Já te perdoei a mão com que me puniste em nome da justiça indefectível... Também eu carregava crimes atrozes de que, num estado de loucura, apressaste o resgate, ignorando que a Lei Divina, oportunamente, se encarregaria de me justiçar...

Libertei-me, mas te enrodilhaste numa trama que não podemos prever quando o futuro te libertará.

Desperta, meu filho! Desperta e vive!

Do que vale a cultura numa consciência culposa? Ainda não se passaram duas dezenas de anos,[19] quando a Humanidade presenciou o soçobro das suas mais nobres

---

19. A presente mensagem foi recebida psicofonicamente na noite de 19/06/1961 (nota do organizador).

aquisições, na guerra das civilizações superalfabetizadas, dirigidas pela ambição que se fez monstro de guerra, transformando homens em abutres, anulando o patrimônio do saber, dizimando cidades, incendiando vilas, assassinando mulheres, crianças e velhinhos indefesos dos povoados humildes, na ânsia sanguissedenta da anarquia.

A cultura não representa tudo. Não adianta o saber num caráter ultrajado. Abre os braços à Fé, volta a Jesus enquanto é tempo.

Eu sei que a minha voz chegará aos teus ouvidos.

Pelo amor de Deus, arrepende-te. Mas não te arrependas na aparência e, sim, rompendo esse silêncio que te levará à loucura, recuperando o tempo perdido e empregando os últimos dias da vida na retificação da tua invigilância.

Filho do meu coração, revejo-te nas minhas mãos, ainda pequenino, quando eu chorava a tua mãe ausente e minhas lágrimas caindo no teu rosto de anjo, indagavas, infantil: – *"Estás chorando, papai?"*. – Sim, meu filho, continuo chorando. Estou chorando por ti. Volta, pois. Volta, volta ao bem que eu não te soube ensinar. Volta a Jesus e começa tudo de novo outra vez, para a nossa felicidade.

O teu,

*A*NTERO.

28

COMPROMISSO ESPÍRITA

Irmãos da fé renovadora.
Eu vos saúdo em nome de Nosso Senhor Jesus Cristo! Todos os que hoje nos encontramos nas linhas nobres da Doutrina Espírita recapitulamos experiências nas quais malogramos no passado, tentando corrigir defeitos graves do "eu" enfermiço, a fim de, através do conhecimento libertador, pautarmos, para nós mesmos, as linhas seguras do equilíbrio e da felicidade que nos são destinados.

Nascemos, morremos e renascemos para os objetivos nobres da vida, no entanto, atados aos compromissos que ficaram na retaguarda, somente raros conseguimos amarrar os nossos desejos ao ideal libertador, arrebentando, em definitivo, as ligações com o pretérito culposo, no qual fracassamos dolorosamente e ao qual somos obrigados a retornar, reincidindo nos velhos equívocos que nos retêm nos pântanos tenebrosos do erro e da criminalidade, onde nos asfixiamos lamentavelmente, entorpecidos nos centros da razão e hipnotizados nas linhas nobres do sentimento.

Doutrina Espírita com Jesus é porta de libertação e de eternidade.

Fé espiritista é cimento divino com que lastreamos as nossas bases, de modo a podermos crescer na direção do

Infinito, assinalados pelas sublimes concessões da Divina Misericórdia.

Todos vós, obreiros da Era Nova, não vos equivoqueis! Chegado é o momento da definição resoluta e terminante, no que tange a responsabilidades íntimas e intransferíveis no campo do Senhor da Vida total.

A concessão do conhecimento imortalista é bênção que nem todos temos valorizado devidamente. Impregnemo-nos dela e resolvamos de uma vez por todas engajar-nos no exército edificante do Senhor, para que surpresas dolorosas e sombrias não nos tomem inopinadamente, conduzindo-nos a lamentáveis estados de perturbação e de desvario.

Aquinhoados, abundantemente, com a comunicação do Mundo espiritual, sabeis que o túmulo é porta de reingresso na vida, quanto o berço é clausura na jornada da carne para refazer e para edificar.

Os Espíritos da Luz, que nos supervisionam as tarefas, esperam que respondamos aos seus apelos com a nossa compreensão luminosa e pura, através das responsabilidades que já nos cabe definir e orientar.

Convocados ao ministério sublime da mediunidade socorrista, recebestes a semente de luz para a plantação no solo do futuro, com vistas à Humanidade melhor de amanhã.

Laborai, incansavelmente, devotadamente, detendo as vossas antenas psíquicas nos *rios* sublimes da Espiritualidade superior.

Se o óbice tenta obstacularizar-vos o avanço, não desanimeis; se o empeço arma difíceis sedições pelo caminho, em forma de revolta íntima ou de revolta alheia, prossegui intimoratos; se a impiedade zurze a chibata da incompreensão e semeia a vossos pés o cardo, a urze e o pedregulho, não desanimeis; se vos ferirem, bendizei a oportunidade de resgatar, considerando que poderíeis ser os criminosos que provocam dores; se a noite de sombras espessas ameaçar o santuário da vossa fé, colocando cúmulos que dificultem o discernimento nas telas da vossa mente, acendei a lâmpada clarificadora da prece para que a luz da compaixão e da misericórdia vos aponte rumos de segurança!

Em qualquer circunstância, amai! Em qualquer situação, servi! Em todo momento, crede!

O Senhor da Vida não nos abandona hora alguma e a Sua misericórdia não nos deixa nunca, fazendo que entesouremos, nos depósitos sublimes da alma, as moedas luminescentes da felicidade total.

Irmãos da fé renovada, seareiros anônimos da mediunidade sublime:

– Abri as vossas mãos e atirai esperanças, descerrando vossos lábios, enunciai os conceitos de Vida eterna.

– Dobrai-vos sobre as necessidades redentoras, marchai enxugando lágrimas com as mãos suadas e envolvendo o coração na *lã do Cordeiro de Deus*, confiai em que a senda pavimentada com as pedras da humildade legítima vos conduzirá ao *oásis* refazente da paz, em que a linfa cristalina e nobre do Evangelho estará cantando a melodia do reconforto para vossas almas.

Há aqueles que se atrevem a ferir-vos.

Ainda hoje se levantam os aficionados da zombaria e os famanazes da dissensão, repontando como labaredas cruéis aqui e ali; os fomentadores da discórdia produzem o fumo tenebroso que tolda a visão, parecendo, muitas vezes, amesquinhar-vos, concitando-vos à deserção e à covardia.

Não os temais! Jesus é o vencedor da morte! Sede os vencedores da dificuldade por amor à vida e marchai intemeratos e intimoratos, pulcros e fiéis até que a desencarnação vos surpreenda com as armas de amanho ao solo, nas mãos doridas, antes de chegar ao vosso leito de insensatez e comodidade, encontrando-vos no repouso injustificável e indigno dos verdadeiros seareiros da Vida.

Exorando a Ele, o Excelso Benfeitor de todos nós, que nos abençoe e conduza, suplicamos que nos não deixe nunca a sós, na obra com que nos dignifica a oportunidade e nos enseja a ocasião de redenção interior!

EURÍPEDES BARSANULFO

29

CHAMAMENTO À REFLEXÃO

Minha querida:
Não sou a sombra que volta do sepulcro para acusá-la, nem trago um tormento disfarçado, a fim de erguer um libelo contra a sua consciência.

Nem azedume, nem amargura.

O tempo nos fez a ambos esquecer mágoas, cicatrizar feridas.

Volto da morte para lançar um brado de advertência agora, quando os remordimentos lhe açulam a mente, fazendo-a infeliz e os anos que já pesam sobre os seus ombros a envolvem em profunda melancolia e indisfarçável soledade.

Faz já tanto tempo quando, espicaçada pelo ciúme, você planejou o homicídio nefando!

Nem você nem eu sabíamos que a vida continuava, constituindo-se o corpo uma aparência transitória que reveste uma realidade indescritível. Desconhecíamos, nós ambos, que o matrimônio não é um jardim de delícias, mas um carreiro de provações; que o lar não se compõe somente de dádivas como um *oásis*, mas se revela escola de lapidação dos pais e de dignificação dos filhos.

Teimávamos por persistir na má vontade para com os deveres da Vida espiritual, envoltos nos vapores nefastos do prazer, embriagados pela ilusão. Dizíamos que foram felizes os nossos primeiros anos de ventura conjugal! Hoje, libertado e consciente, considero aqueles como anos de dissipações.

Antes mesmo da morte, eu mudei, você também mudou. Saturamo-nos de tudo porque a embriaguez produz a nostalgia e o tédio. E porque não dispuséssemos de outro derivativo, senão o que oferece a taça da paixão pervertida, distanciei-me de você, distanciada de mim que você estava, devorada, também, por inquietações que não vêm ao caso examinar...

No entanto, acreditando-se ferida nos seus sentimentos femininos, você esqueceu a maternidade para pensar somente em si e na minha *infidelidade* temporária, tudo planejando, vencida por mórbido ciúme que nos desgraçou aos três: você, a mim e ao nosso filho.

Foi muito rápido, e você recorda: desejei falar-lhe, quando a poção envenenada começou a arder em minhas vísceras, atestando o fim do meu corpo; ergui a mão acusadora, mas seus olhos, na expressão de fera e louca, me diziam sem palavras, naquela visão terrificante que se fez acompanhar da gargalhada inconsciente, que ali não estava aquela que me jurara fidelidade, amor e perdão para todos os meus erros...

Não há palavras com que lhe descrever eu possa o fogo que me ardeu interiormente anos a fio, sem morrer. Sim, não morri; não encontrei a morte. Deparei a manifestação da vida sarcástica que eu merecia, multiplicando mil vezes a minha insânia, aplicando-me punições que eu ignorava e que se fizeram justo corretivo para o meu Espírito infeliz.

Durante muito tempo rondei o nosso lar, desejando estrangulá-la, vencido em mim mesmo, sofrendo dores inenarráveis, até que perdi a noção do tempo, desaparecendo a visão das coisas, entrando em inominável pesadelo. Despertei mais tarde. Passara-se uma década após a nossa tragédia...

Você não compreenderia se eu lhe contasse tudo nesta mensagem ligeira, porque você hoje é uma sombra vestida de remorsos, e eu sou como um amanhecer ainda em trevas. Você é a ilusão, desejando apagar a realidade imortal, acalentando o sonho mentiroso da destruição no nada, enquanto eu sou a vida esbatendo a névoa da ilusão, para chegar aos seus ouvidos.

Talvez, se fosse o inverso do que aconteceu, eu não a recebesse com a devida consideração com que gostaria que você escutasse as minhas palavras de hoje. A morte modifica conceitos em torno da vida.

O corpo é uma masmorra, sem dúvida, e a vida, na Terra, um simulacro de Vida. O homem, no ergástulo da carne, pode parecer a lagarta que nem sequer pode sonhar com o voo da leve borboleta no ar. Assim mesmo, agora que você está com o pensamento voltado para a fixação daquela hora que a está conduzindo à loucura, sei que você desejaria o consolo de uma fé, para acender o círio da própria imolação, agora que você deve fitar os olhos do nosso filho, olhos que denunciam uma acusação que somente você enxerga, relegada como se encontra à terrível soledade, desde que ele foi viver a vida que a maturidade lhe reserva...

Eu, eu retorno, após tê-la perdoado, para convidá-la a meditar, sem o remorso aniquilador, sem o arrependimento inútil. São tóxicos ambos.

Se não é muito cedo, é, pelo menos, tempo para refazer. Enquanto se caminha na trilha dos homens, podem-se desmanchar os equívocos criados entre os homens.

Não, não lhe peço a autoacusação ante o tribunal da Terra, porque essa atitude chegaria tarde demais e não repararia nada: eu lhe peço somente que busque meditar na vida e que repare a ilusão da nossa loucura, repartindo os bens da avareza, que você guarda entre agonias de fera e ambições de louca, com outras mães, com outros órfãos, com outras viúvas. Aquelas viúvas que não têm as mãos tintas de sangue, que não têm a consciência marcada pelo instante fatal do crime, mas que tiveram o amor arrebatado, para caminhar a sós pela longa senda do sofrimento e da amargura, resgatando outros débitos...

Volto, sim, e sei que você me verá neste depoimento da imortalidade, que eu peço a Deus lhe chegue às mãos, chamando-a, chamando-a para a vida.

Desperte, minha querida, porque o autocídio a que você se está relegando, quase vinte e cinco anos depois, é mais um crime que você adiciona, inconscientemente, ao primeiro crime.

Somos ambos culpados do primeiro engano. Desperte, agora, para Jesus, acorde para a vida e aplique na consolação dos deserdados e dos tristes as horas do seu dia vazio, a fim de que brilhe para eles o sol, antes que lhe chegue o grande e terrível dia da consciência, quando a sombra do corpo se desmanchar na terra e você despertar para si mesma, viva, além da morte.

Não é a sombra do sepulcro que volta para fazer-lhe este apelo inadiável, este chamamento à reflexão, porém o coração que perdoou e ama, que lhe vem dizer outra vez: "fiel até a eternidade!".

O seu de sempre,

JOÃO MATEUS. [20]

---

20. Antonomásia adotada pelo autor desta mensagem psicofônica, por motivos óbvios (nota do organizador).

30

EXORTAÇÃO

Bendito aquele que vem em nome do Senhor!
Cristão decidido:
Suportai as vicissitudes da vida – são elas preciosas minas possuidoras das gemas da felicidade. As dores acerbas, oriundas das ingratidões profundas, lapidam a alma para as fulgurações estelares no Mundo da verdade.

As enfermidades prolongadas, indecifráveis e misteriosas, expressam o sinete divino impresso na carne, ensejando a recuperação do pretérito culposo através da paciência e da resignação.

Vencei as perturbações que se imprimem nas telas mentais – antenas registradoras das ideias profundas – que, vitalizadas por forças da perturbação espiritual, atormentam a estabilidade emocional. Todos os prazeres não fruídos convertem-se em moedas de luz, nos cofres da experiência eterna.

Bendizei o problema, agradecei a oportunidade de *perder*, porque os tesouros inalienáveis são aqueles que residem nos refolhos do coração. Os bens amoedados desaparecem, as alegrias vividas são olvidadas depois, entretanto, as experiências que fortalecem o caráter e aprimoram os sentimentos constroem homens lídimos e verdadeiros cristãos.

Recebei, com o sorriso do equilíbrio, todas as ofensas, todos os ultrajes. Fácil é descerrar os lábios e ferir, todavia, a tarefa gigante de silenciar somente é conferida aos grandes valores humanos.

Se em vosso lar o granizo da malquerença apedreja e a tormenta da impiedade ruge, guardai a vossa paz, tende bom ânimo! Não se podem esperar atitudes de equilíbrio naqueles que se demoram em jardins de ociosidade. A paz verdadeira se erige no Espírito ao fragor das lídimas batalhas.

Suportai o filho revel, o nubente incompreensível, o amigo ingrato, o companheiro fraudulento. Tende a certeza de que nenhum ultraje será olvidado pela Lei. O próprio abuso mercenário das forças cósmicas mantenedoras da vida universal reaparecerá mais tarde no homem que desrespeitou a ordem, em forma de carência na sua própria vida.

O ar rarefeito que é levado às tendas de oxigênio para a manutenção da vida e é convertido em moedas para a luxúria e para o poder libertino, se transformará em brasas cruéis na consciência ultrajada que desrespeita a natureza por negado, concomitantemente, aos que o não podem comprar.

Lembrai-vos de que ninguém poderá fugir à Lei sem se deparar com um sol opaco, um dia crepuscular na própria consciência...

Tudo em a Natureza são convites ao equilíbrio, à cautela, à meditação.

Lembrai-vos de que o diamante, para refletir o irisado dos raios solares, deixa-se gastar na lapidação, e a água parada, que muitas vezes reflete a placidez dos céus, também guarda a lama mefítica e o verme daninho que atacam a vida e matam os seres.

Em razão disso, nem a serenidade aparente das águas lodosas, nem o desespero das cataratas em desarmonia. Ideal é a posição confiante e resignada em todas as lutas, estabelecendo na mente a diretriz firme e no coração a ternura total para suportar os empeços todos com a dignidade que se haure nos enunciados vivos e vibráteis da Boa-nova de Jesus Cristo.

Suportai as dores, serventuários da Verdade!

Ser-vos-ão compensadas todas as dificuldades, ressurgirão mais tarde essas lacunas na felicidade, transformadas em felicidade sem lacunas. Lutai contra as agressões externas, através da visão e da mente, preenchendo a hora vazia e o pensamento ocioso com as esperanças consoladoras do Reino de Deus, que começa desde hoje se o buscardes agora.

Iniciada a jornada, ser-vos-ão fáceis os triunfos. Exercitado o tirocínio, ser-vos-ão melhores as lutas, e o tempo coroar-vos-á a própria dor com as medalhas da cicatrização das feridas, cobertas pelas gotas de lágrimas quais diamantes puros, em cujas facetas o brilho fulguroso do *Olhar de Deus* dar-vos-á o sol de eterna aurora da felicidade plena.

Suportai a dor como Jesus no Calvário o fez, constituindo-se, desde então, um marco de eterna segurança para os séculos e uma esperança de braços abertos para nós todos.

Ignotus

31

MEDIUNIDADE E OBSESSÃO

Mediunidade e obsessão – termos que se confundem na equação da mente que busca equilíbrio.
Mediunidade – faculdade fisiopsíquica que possibilita o registo de vibrações que tramitam nos círculos além da carne.

Obsessão – incidência da mente desalinhada sobre outra mente em regime de comunhão.

Mediunidade – porta de acesso à obsessão, quando em desalinho.

Obsessão – portal mediúnico em abandono.

O homem é convidado a atender à mediunidade através do estudo consciente e da prática equilibrada, ou da obsessão coercitiva.

Ignorar a mediunidade ou desdenhar a obsessão não significa aniquilá-las.

◆

Muitos fatores que poderiam conduzir à mediunidade atuante com Jesus convertem-se em material de fácil manejo pelos obsessores, tais como:

Imaginação – devaneios mentais facilitam conexões com mentes frívolas desencarnadas;

Ociosidade – mãos desocupadas e corpo inoperante oferecem material de fácil manipulação pelos Espíritos desorientados e irresponsáveis do Além-túmulo;

Irritabilidade – emoção em desajuste, plasma valioso para Entidades vampirizantes de além da morte;

Queixa – fermento-estímulo ao alcance dos viciados espirituais da Erraticidade.

Impaciência e tédio, melancolia e desassossego, arrependimento e revolta, impulsividade e pretensão, medo e arrogância, sexo e viciação de qualquer natureza são alguns dos materiais que constituem elementos desequilibrantes de que se utilizam, com facilidade, as mentes desenoveladas das células carnais, que enxameiam no orbe terrestre em lamentável comércio espiritual com os homens.

Por essa razão, Allan Kardec, o excelente missionário francês de Lyon, reportando-se, em *O Livro dos Médiuns*, aos escolhos da prática mediúnica, refere-se à obsessão como um deles, importante, e concita o trabalhador da mediunidade ao estudo e ao labor, como terapêuticas específicas para a saúde e o equilíbrio.

E Jesus, o Excelso Médico das almas, libertando os obsidiados, sempre arrematava, invariável: *"Não tornes a pecar"*, o que pode ser compreendido como norma de dignidade e trabalho, amor e ação edificante, na construção da própria vida com saúde física, mental e espiritual.

◆

Encontremos na obsessão, além do companheiro que sofre, os Espíritos que pedem socorro, ajudando-os indistintamente. E consideremos na mediunidade o abençoado solo para serviços nobres em favor de todos, colocando em nossas almas as bases seguras para o reino da paz que almejamos.

Ananias Rebelo

32

AMARGA EXPERIÊNCIA

Os Espíritos que se santificaram na compaixão e na caridade, trouxeram-me para que eu narre a minha desventura, após ter sido socorrida quando pela primeira vez aqui estive.

Sou suicida; uma infeliz que trucidou todas as oportunidades próximas de ventura e felicidade com as próprias mãos; rebelde que desagregou a sublime construção da vida; ingrata que recusou o vinagre da experiência para sorver a água pestilencial do charco de inenarrável aflição...

Católica desde muito cedo, atingi a adolescência fantasiada pelas ambições da educação em regime de futilidade. Meus pais, embora bons, preocupavam-se mais com a estética do corpo e com os triunfos da carne do que com as bases morais e espirituais dos filhos. Fiz-me, assim, atleta da natação, pagando um alto preço pelas minhas incursões ao mar, sendo vítima de lamentável acidente que me desfigurou a perna, deixando-me, além disso, um profundo trauma interior. Ambiciosa e atormentada, confundi amor com desejo, escolhendo para amar um moço que estava longe de corresponder às aspirações dos meus sentimentos de menina-moça que sonhava com um lar... Noivos, senti-me traída, percebendo-o distante e frio, sem a necessária dignidade para desfazer o compromisso que assumira espontaneamente. Numa manhã de loucura, após uma noite interminável de conflitos, sorvi, desesperada, alta dose de tóxico letal que me venceu o corpo sem me destruir a vida.

Antes, porém, redigira uma carta, grafada com o *suor* da alma, suplicando perdão aos meus pais...

O que aconteceu depois daquele torpor que me levou o corpo não posso descrever. Tive a impressão que despertei, subitamente, desacorrentando-me dos grilhões que me arrastaram até o gesto de loucura. Ao dar-me conta do que fizera, desejei recuar. Era tarde! Já estertorava, padecendo convulsões lancinantes. Pensei em suplicar por socorro, mas o turbilhão em que me debatia não me permitiu fazê-lo. Digo melhor: a garganta em brasa viva não atendia ao desespero do meu arrependimento. Tentei erguer-me e tombei desgovernada, sem qualquer controle, comburida pela substância que ingerira.

Ó, meu Deus! As labaredas que ardiam desde o estômago ao cérebro fizeram-me dormir ou desmaiar momentaneamente, num sono agitado...

Logo, porém, despertei para um inferno que nenhuma palavra na Terra pode definir, inferno que se alonga até hoje, mais de vinte anos transcorridos, conforme fui informada, diminuindo de intensidade, uma que outra vez, para logo recomeçar...

Dizer o que é o sofrimento de quem tripudia sobre as dádivas da vida é tarefa quase impossível, mesmo para as inteligências mais lúcidas.

Sei que gritei, rasgando as vestes, que me atirei sobre as paredes e móveis, em desespero de fera, não conseguindo diminuir a agonia que me devorava interiormente, sem cessar. Debati-me até a perda da consciência, a fim de despertar com as dores ora aumentadas pela violência dos impactos novos que me aplicava no desespero de animal ferido, irracional.

Sem ter ideia exata do que me acontecera, saí em desabalada correria pela rua imensa, sem nada distinguir, como se a Terra estivesse envolta num eclipse e o céu sem estrelas, sem luar, atropelando tudo e todos, deixando-me, também, atropelar...

O tempo aqui é medido pela extensão da dor. Assim, senti subitamente que uma força terrível me arrastava para uma furna escura e lodosa com matéria em decomposição, constatando, depois de inauditos esforços, que aquele era o meu corpo a confundir-se com a lama...

Percebi-me, então, estupidificada numa forma brutal, absolutamente igual ao modelo que se desfigurava, através da qual sentia e experimentava a invasão dos vermes que se locupletavam, invadindo-me todas as células, da cabeça aos pés, enquanto, por dentro, a labareda do veneno continuava queimando-me as vísceras interminavelmente.

Eu era como uma fornalha de aço derretido. Assim mesmo, sentia-me sem forças para gritar, traduzindo a sensação terrível da asfixia na cova onde estava, acompanhando o nefasto banquete da minha ruína.

Como é possível sofrer-se tão variadas dores, não sei dizê-lo!

Quanto durou tudo isso, não recordo.

Mil vezes acordei para dores maiores, sem o direito de um repouso, porquanto o sono ligeiro era feito de pesadelos em que monstros desfigurados se me apresentavam, afirmando-me ser aquilo a morte que eu queria, embora sentindo-me viva. E ameaçavam: *"Isto é a morte dos réprobos e dos covardes".*

Munidos de tridentes, como se fossem figuras da mitologia do horror, cravavam meu corpo, infinitamente dorido, banqueteando-se nos tecidos em desorganização como se estivessem num lupanar de loucos, enquanto gargalhadas inesquecíveis estrugiam no ar. Assim era o sono a que eu tinha direito, acordando, exausta, numa realidade muito pior do que o pesadelo da minha alucinação.

Ó, meu Deus! Meu Deus! Se eu pudesse gritar para os que esperam encontrar no suicídio a porta do repouso sem fim e do esquecimento sem cansaço!... Se me fora dado bradar para o mundo o que é o suicídio e se as pessoas do mundo quisessem parar para ouvir-me e conhecer a tragédia dos suicidas!... Não sei, não sei!...

Eu também ouvira falar de Deus e do que significa o hediondo crime do autoaniquilamento, no entanto, perpetrara-o, dizendo fazê-lo por amor...

Como se todas essas dores não bastassem, consegui evadir-me da prisão tumular e volver, agônica, sem saber como, à minha casa, à minha família.

Quanta desolação! Havia muito ressentimento por parte de meus pais contra mim; meus irmãos se esforçavam por esquecer-me e à vergonha que eu lhes impusera. Os meus retratos haviam sido arrancados das molduras e destruídos, bem como tudo o que me dizia respeito ali não mais tinha lugar.

Meus pais proibiram que se pronunciasse meu nome em casa.

Tentei falar-lhes, suplicar-lhes, senão perdão, pelo menos piedade...

Ninguém me ouvia ou sentia...

Subitamente desgarrei-me dali, acionada por força cruel, violenta, deparando-me noutro lar. Era a residência atual do meu antigo noivo. Por pouco não o reconheci. Consorciara-se com a outra, ora infeliz, pois brindara a pobre companheira com o seu caráter infame, levando-a a sórdidos desesperos, que a têm aniquilado no vórtice de decepções sem-nome.

Esqueceu-me, o ingrato. Descobri-o ébrio, vulgar. E pensar que por ele destruí a minha vida louçã, mergulhando neste labirinto sem saída, neste pântano sem terra firme, entregue pelas minhas próprias mãos a bandos infernais de salteadores desencarnados que me venceram as últimas energias!

O rio das lágrimas que me chegavam aos olhos por fim secou, como lava que se fizesse pedra. Os últimos vislumbres de esperança se apagaram e a débil crença em Deus não me pôde dar paz naquele pandemônio...

Um dia, não sei quando, alguém se lembrou de mim, chamando-me pelo nome com unção e ternura que me alcançaram. Senti como uma breve aragem rociar-me. Desde então, de quando em quando, essa doce voz intercede, rogando a Deus por mim, aliviando-me a agonia sem limite.

Descobri que era a minha santa avozinha falecida, que orava por mim e oportunamente aqui me trouxe para o mergulho nas forças do médium, que me renovaram, enquanto, apesar do meu desespero incessante, pela primeira vez me senti lenida e calma, escutando as palavras de alento e compaixão...

Foi o início do meu longo e delicado tratamento, que não sei quando terminará.

O que importa, porém, é que agora raciocino e suplico misericórdia ao Pai Amantíssimo, preparando-me em demorado curso para a recuperação.

Claro que as minhas aflições não cessaram... Sofro-as, porém, em outras condições de ânimo.

Já não padeço a escravidão subjugadora dos meus adversários, os que, utilizando-se da minha fraqueza, em processo de bem urdida indução hipnótica, me levaram ao suicídio, deixando-me entregue a mim mesma, após a consumação do gesto...

Adiantaria algo dizer que o suicídio não resolve? Pois bem, almas sofridas e combalidas, haja o que houver, por pior que se apresente a vida, em dores e provações, bom ânimo; suicídio, jamais!

Estou rogando a Jesus no sentido de que alguém consiga ouvir as minhas palavras, nelas meditar, advertido de que o suicídio é a desgraça do Espírito.

É tudo o que eu consigo dizer.

H. [21]

---

21. As impressões deixadas pela comunicação foram inesquecíveis. O médium, em visível transfiguração, retratava na "fácies", na voz, nos movimentos todo o desespero e toda a amargura da Entidade incorporada (nota do organizador).

33

O DESASTRE

Faziam aquela viagem buscando paz, renovação interior, após o cansaço das tarefas acumuladas.
Desde que se consorciaram, era a primeira vez que fruíam as bênçãos de merecidas férias.

Filantropos, cooperavam ativamente nos empreendimentos assistenciais da comunidade onde viviam.

O automóvel corria célere, e as horas passavam agradáveis.

Subitamente ele parou o veículo e recuou. Pareceu-lhe ver, tombado no precipício, um carro novo. O instinto fê-lo saltar precípite e correr na direção do desastre. A esposa o seguiu.

Olhando cuidadoso, percebeu um jovem entre os ferros contorcidos, ainda com vida. Não titubeou. Empenhou esforços e resgatou o corpo, que transportou para o seu próprio automóvel. O moço parecia em coma.

Quase noite, como estivesse próximo a populosa cidade, para lá rumou e dirigiu-se ao hospital que lhe indicara um transeunte...

– *Enfermeira, por favor, traga uma maca* – adentrou-se, solicitando, desesperado. – *É um acidentado...*

— Parente seu?
— Não.
— Tem instituto?
— Ora, não pude examinar. Parece-me que não tem documentação.
— Por que o senhor não chamou a polícia?
— Não houve tempo.
— O senhor se responsabiliza pelas despesas?
— Claro que não. Estou em trânsito. Isto é uma emergência.
— Então, não podemos aceitar o paciente.
— Por Deus!
— Ordens do diretor... Todavia, se ele mandar...
— E onde está?
— Foi ao cinema...

Conduzindo o acidentado e guiado por informações, localizou a casa de diversões e o médico foi chamado. Informado da ocorrência, o esculápio arrematou:

— Lamento muito, mas não posso fazer nada. Não recebemos indigentes e não somos "mensageiros da caridade".
— Mas, doutor, o rapaz está à morte!
— Problema do senhor. Por que não o deixou na estrada, avisando a Polícia Rodoviária?
— É o cúmulo!
— Em todo o caso, tente conseguir do prefeito uma autorização, mediante a qual ele se responsabilize pelas despesas.

Novas buscas demoradas, por fim coroadas de êxito. O chefe do executivo local, após ouvir a narração do lamentável desastre, cedeu uma autorização.

Novamente foi buscado o médico, enquanto o casal e o paciente aguardavam à porta do hospital. À sua chegada, foi trazida a maca para remoção.

Quando o corpo estava sendo transportado, no corredor, o médico olhou de soslaio e deu um grito. Era seu filho de 16 anos, que saíra de carro sem sua permissão. Pânico no nosocômio.
— *Emergência!* — alguém gritou.
Tarde demais. O jovem estava morto.

◆

Passaram-se 3 horas desde que o casal percorria a cidade, tentando interná-lo na Casa de Saúde do genitor...
A mãe, notificada, enlouqueceu, e o pai, que exigia rigorosa documentação para não perder dinheiro, cerrou as portas do hospital depois de perder o filho.
O casal generoso, porém, ao retornar à sua cidade, reuniu amigos e, sob a emoção da tragédia, deu início a uma associação de socorro gratuito a acidentados, mediante convênio com as entidades especializadas da sua comunidade, objetivando atender casos que tais, de imediato, enquanto se tomavam outras providências.

◆

Desastre maior, cada dia, é o esfriamento dos sentimentos e o arder das paixões.
Tu que conheces Jesus, reflete e age.

IGNOTUS

34

EVANGELIZADORES

> *"Vinde após mim, e eu farei que sejais pescadores de homens."*
> *(Marcos, 1: 17)*

O Evangelho nascente requeria pescadores de almas a fim de alcançar os naufragados no mar das paixões. Por essa razão, a palavra do Senhor foi imperativa no convite ao dever superior, não deixando margem a dúvidas.

Seguir Jesus implicaria definir-se.

Renúncias aos compromissos em que se malogrou, renovação íntima atuante, espírito combativo incessante...

E ainda hoje significa superar velhos obstáculos mantidos à custa de pesados tributos, que têm retardado a marcha evolutiva de quantos se demoram acumpliciados com a criminalidade e o erro...

Enquanto o mundo, todo encanto, no seu colorido ilusório, atrai, retém e vergasta, oferecendo taças envenenadas de prazer, a Mensagem do Cristo pode parecer engodo, já que exige sacrifício e inteireza moral no ato da definição para renunciar ao lado agradável do viver que quase sempre detém muitos corações no potro do desespero.

A ligação com Jesus alarga os horizontes, dilatando a percepção da alma para as inadiáveis incursões ao continente da Imortalidade. No entanto, quantos óbices!

Recordando o vigoroso convite de há dois mil anos, não podemos olvidar que os cristãos novos – os espiritistas – não se podem negar à definição ante o velho-novo apelo.

O mundo é a grande escola de almas, ensejando evolução e felicidade.

Por enquanto não temos sabido valorizar devidamente as concessões-oportunidade que nos sorriem, favorecendo-nos com os valiosos tesouros do serviço, em cuja aplicação removeremos os liames negativos que nos jugulam à inferioridade e à dor.

Nesse sentido – o de seguir Jesus –, convém considerar que a estrada que a Ele conduz não é a mais sorridente, nem ameno o clima por onde se segue. Ao contrário: urze e abrolho, cardo e seixo repontam facilmente, ferindo os pés e dificultando o equilíbrio.

Mil vozes desvairadas no caminho apelam, desesperadas, repetindo conhecidas e embriagadoras canções com que, no pretérito, nos deixamos seduzir, quando, incautos, nos demorávamos longe da definição imortalista, ou, se a ela ligados, não mantínhamos os vínculos vigorosos da honra...

Velha lenda mitológica nos apresenta Ulisses selando os próprios ouvidos e colocando cera nos ouvidos da tripulação para fugir aos sedutores cânticos das sereias, que punham a perder as embarcações que passavam ao alcance das suas vozes... E assim, amarrado ao mastro do navio, com os ouvidos fechados, pôde ser poupado com seus homens e sua embarcação.

É necessário selemos, igualmente, os nossos ouvidos ao canto enganoso das margens, colocando o coração em brasa no leme do Senhor e deixando que Ele, Piloto Presciente, nos conduza o barco da existência ao rumo da nossa libertação vitoriosa.

Todavia, é necessário consideremos os tributos de soledade, aflição, desconsolo para atingir o fim desejado.

Carne moça sedenta, abraçando sem poder ser abraçada...
Coração ansioso sorrindo, sem receber sorrisos...
Alma ouvindo queixas, sem queixar-se...
Mãos que afagam, sem reterem mãos que afaguem...
Só, com Ele... E Ele ao lado do coração fiel, com a felicidade entre ambos.

Diante das gerações moças que se acercam da água lustral e pura da Doutrina Espírita esperando por nós, saudamos, nos evangelizadores, o Espírito que, seguindo Jesus Cristo, foi por Ele transformado em pescador de homens...

Avançai, resolutos, vanguardeiros do amanhã, acarinhando o solo do coração infantil para que a gleba do porvir não sofra o escalracho da maldade aniquilante e devastadora!

O coração infantil é sacrário virgem – guardai-o.

A alma infantil é débil esperança – zelai.

A criança é oportunidade sagrada – cultivai.

O Evangelho de Jesus, que nos reúne para preservação do futuro, é a seiva sublime da vida, ligando-nos à posteridade pelos vínculos do amor sem fim.

Voltados para tão significativa sementeira que hoje nos fascina – evangelizar a criança para dignificar o homem –, prossigamos confiantes e jubilosos, certos de que atingiremos o clímax da nossa destinação no termo do dever corretamente cumprido.

E quando vencidas as primeiras dificuldades, contemplarmos a terra juvenil coroada de sorrisos em festa de corações, bendiremos os espinhos do princípio – eles guardavam as flores – e as sombras da noite ameaçadora – elas ocultavam o claro Sol da manhã –, amando em cada novo trabalhador a Humanidade inteira, seguindo no rumo do Amor de Nosso Pai, em cujo seio encontraremos a paz sem ansiedade e a felicidade plena.

AMÉLIA RODRIGUES

35

A NOVA REVELAÇÃO

Embora a relutância com que muitos Espíritos se desembaraçam da carne ou o desprezo que outros votam à matéria, diariamente, viajores humanos de toda procedência abandonam o veículo físico em demanda do país da Eternidade.

A longa caravana, entretanto, apresenta a mais estranha roupagem, constituindo legiões aflitas a pervagarem, atordoadas, em lamentável estado de ânimo.

Sem recursos de qualquer valia para a utilização imediata, mais se parecem a sonâmbulos presos em terríveis pesadelos, entre enlouquecidos e hipnotizados.

Alguns, apresentando carantonhas que refletem os últimos esgares com que se despediram do vaso carnal, expressam o índice de animalidade que vibrava nos seus corpos, continuando a triste trajetória que não culminou na sepultura...

Pelas ruelas escuras do *país da morte* confundem-se os desesperados, em tormentosa, contínua peregrinação...

Suicidas da emoção...

Aventureiros do prazer...

Assassinos da oportunidade...
Algozes da alma alheia...
Vampiros da esperança dos outros...
Atormentados da consciência...

Todos os crimes aparecem refletidos na face, como se o Espírito expulsasse dos recessos íntimos o potro que os prende ao remorso, desnudando-lhes a personalidade enferma.

Congregam-se, inúmeros, em hediondos cortejos, vampirizando-se reciprocamente, terríveis e vorazes, atormentados e cruéis.

São os que desrespeitaram a concessão da vida, ludibriando-se a si mesmos, em fantasias de mentira...

Lamentável, porém, recordar-se que, há dois mil anos, o Ressuscitado Glorioso prescreveu: *"Todo aquele que crê em mim já passou da morte para a vida..."*

A ambição desordenada de uns, a invigilância de outros e a sede de aventuras de terceiros, sobre a tragédia da Cruz erigiram um altar para a glória efêmera à sombra de dourados tetos onde a ilusão se acolhe, erguendo novos ídolos e novos deuses que favorecem a materialização do que eram os sutis e nobres ensinamentos de Jesus...

Com a sucessão do tempo, o que representava ardência de fé se transformou em exaltação fantasiosa, e o que expressava comunhão com o Alto degenerou em confusão, derrubando por terra as lições vivas e inconfundíveis do Embaixador da Vida triunfante.

Enquanto as mentes, através da História dos tempos, descobriram as vantagens utilitaristas na fé conspurcada, o materialismo grassou implacável nas fileiras do Cristianismo, diminuindo-lhe a legitimação do ideal de Eternidade.

Depoimentos vivos

  Homenageando o Céu, o homem vestiu a Casa do Senhor com as sedas do engano; reverenciando a Cruz do Mártir, não se constrangeu, uma só vez, crucificando todo aquele que se recusasse à submissão aos ditames cruéis; prestigiando a humildade, alçou-se aos postos elevados, criando uma hierarquia criminosa; pregando a Verdade, fomentou a mentira, difundindo lendas e fábulas sob a tutela da ignorância; ensinando o amor, difundiu ódios; preconizando a paz, estabeleceu tratados militares, deflagrando guerras impiedosas; falando de unidade, dividiu as criaturas e desperta, hoje, inquieto, dominado pelo pavor alimentado secularmente pela própria insânia.
  No crepúsculo desta Era, surge o Espiritismo, a Nova Revelação – qual primavera fulgurante após terrível invernia, abrindo perspectivas novas para a Humanidade expectante.
  [...] A caravana continua partindo da Terra, em demanda dos planos da consciência além da morte, sem cessar.

◆

  Oh! Vós que caminhais no turbilhão do corpo físico, parai e meditai!
  Esta é uma hora de profunda significação para as vossas almas.
  Buscai essa Doutrina que estanca todas as lágrimas, medica todas as dores e consola todas as aflições!
  Deixai que cessem as convulsões interiores e bebei à saciedade essa água lustral onde a Verdade se espalha, para experimentardes a real ventura da vida!
  Descobrireis nascentes refrescantes e verdes pastos para o repouso; defrontareis dourados horizontes e não mais o desespero vos ameaçará com o impulso do crime,

nem o receio vos atará à retaguarda, obstaculizando-vos o avanço na senda evolutiva.

Atravessai o portal reluzente e entrai na Casa da Fé nova e imperecível, dispondo-vos a marchar para frente!

Olhai em derredor: crianças esquálidas e velhinhos desamparados contemplam o passar apressado da civilização. Mães miseráveis e jovens fanados olham, a medo, o mundo seguir... Lembrai-vos deles e dai do vosso carinho a força haurida nessa crença santificante, a fim de lhes povoar o mundo íntimo com as musas da esperança e da alegria.

Verificareis, então, que é uma bênção viver, tanto quanto é uma felicidade morrer de consciência livre, para seguir em demanda do Reino, por avenidas de luz. Porquanto, crendo ou não, de qualquer forma, seguireis com a caravana que atravessa os umbrais do Infinito, sempre aumentada por viajores novos.

Também seguireis, como nós próprios já o fizemos. Refleti!

LINDOLPHO CAMPOS

36

CRIME E REABILITAÇÃO

Irmãos e amigos:
Que brilhe a luz do Cristo em nossas almas!
Sou o irmão Felipe que volta. [22]

Na minha última jornada fui amparado pela *Casa de Jesus*, por mãos caridosas, quando a tuberculose e o reumatismo minavam meu corpo.

[...] Orgulhoso monarquista do Segundo Império, não pude conformar-me com a República.

Apaixonado comensal da Corte brasileira, entreguei-me a desmandos, quando o nobre ímpeto de Deodoro pôs por terra os sonhos e as loucuras dos amantes da Monarquia.

Ferido no imo d'alma pelo afiado gume do amor próprio em desalinho, contraí pesadas dívidas ante a consciência, atirando-me, irremediavelmente, à desgraça, atra-

---

22. O Centro Espírita Caminho da Redenção, em Salvador, manteve durante vários anos um albergue de socorro a pessoas que se encontravam aguardando a desencarnação, chamado Casa de Jesus.
Dentre os que ali foram recolhidos, encontrava-se o irmão Felipe, que conhecemos e com quem, naquela Casa, privamos por seis meses.
Transcorridos quatro meses após a sua desencarnação, que o libertou do corpo mediante dolorosa hemoptise, ei-lo que volta a dar-nos suas notícias, através desta bela comunicação (nota do organizador).

vés de infame homicídio movido pela insânia das paixões políticas.

Surpreendido após o abominável crime, fui arrojado a hediondo e lôbrego calabouço, donde expirei sem julgamento, quando se promulgava a Constituição de 1891.

Não posso descrever as dores superlativas com que me deparei ao penetrar no Mundo espiritual, para cuja incursão não me encontrava preparado.

Ódios e paixões emparedaram-me em estreita cela de alienação, na qual expungi, por tempo largo, a imprevidência e a impulsividade.

Os fantasmas que eu próprio cultivara, mediante caráter soberbo e hostil, tornaram-se-me carcereiros cruéis, fazendo-me mergulhar em vasa pútrida, da qual, só posteriormente, fui libertado.

A visão da minha pobre vítima constituiu-me demorado tormento de que me não podia libertar. Só mais tarde...

Amparado pela piedade de D. Pedro de Alcântara, fui informado dos deveres do Espírito em relação à Pátria verdadeira.

Durante três dezenas de anos entre lutas e sofrimentos, anseios e reparações, estive trabalhando-me sob o amparo do Senhor, a fim de retornar à jornada de expurgo que há pouco concluí.

Foram a enfermidade, a extrema pobreza e o grande silêncio do coração, que me concederam a ventura de lograr o meu reencontro íntimo, lenificador.

Quanto de bênçãos hauri, no leito de meditação, não saberei dizê-lo!

No período em que estive internado na Casa piedosa que tem o nome sagrado do Mestre, a bondade do antigo

Imperador Pedro II, alma de escol, continuou a socorrer-me a indigência, como amigo e benfeitor.

Agora tento encontrar aquele a quem desrespeitei com a minha agressividade – estou informado de que, também, se encontra do *lado de cá* –, a fim de reparar os males que lhe infligi, suplicando-lhe perdão, rogando o divino auxílio para nós ambos.

O motivo de minha visita tem a finalidade de informar aos meus irmãos, que todas as dores realmente constituem resgates necessários e inadiáveis.

Almas obstinadas no mal, carregamos o pesado fardo dos rudes delitos.

Cada lágrima, cada enfermidade, representa método salutar para o reajustamento do Espírito calceta ao programa austero da verdade.

Ninguém pode fugir às leis do equilíbrio.

Nenhum ser se eximirá da recuperação.

Recomposição da Lei é oportunidade, impositivo para integração na Vida vitoriosa.

Não nos abatam, nunca, as interrogações dolorosas que pairem em nossas mentes, nem nos aflijam, se as não podemos decifrar imediatamente pelos processos da análise apressada.

Confiemos ao Céu as respostas às nossas perquirições, certos de que a sábia Justiça não negligenciará o acerto de nossas contas, corrigindo-nos, como ajudando-nos.

Bendigo a dor, exulto com ela, essa autoridade que nos corrige com energia, a que nos devemos submeter, dobrando-nos a orgulhosa cerviz.

Quando, porém, nos pareçam insuportáveis os sofrimentos, confiemos que Jesus nos aliviará, consoante Sua promessa de que o *"fardo é leve e o jugo é suave"*, d'Ele provindo.

FELIPE BENAVIDES

37

CONDUTA DIANTE DO ESPIRITISMO

Desde tempos imemoriais, os Espíritos têm procurado manter contato com os homens, na Terra, oferecendo noticiário seguro sobre a vida imortal como roteiro de equilíbrio para a libertação daqueles que demandam a sepultura, enquanto se demoram na vilegiatura carnal.

No entanto, na mesma razão em que os informes atingem os ouvidos do viandante terráqueo, este se empolga, mais fascinado pelas lutas tiranizantes do prazer, longe de qualquer consideração às notícias que o advertem, convidando-o a mudar o equador da vida em relação ao *sol da Verdade*.

Com o advento do Espiritismo, porém, modificaram-se os métodos informativos. Não apenas o fenômeno que admoesta e convoca, que desperta e orienta, mas também a Doutrina que moraliza e corrige, conduz e liberta. Diante dele surgem novos conceitos que ampliam os horizontes do entendimento, favorecendo-o com admiráveis painéis imortalistas sobre o país Além da sepultura.

Todavia, por mais claras e precisas se façam as notícias da imortalidade, a verdade que aparece pujante de realismo, em torno da vida após a decomposição do veículo físico, ultrapassa o limite do entendimento humano, especialmente quando este não se encontra adredemente preparado para manifestação de tal jaez, considerando, no entanto, que o processo *morte* realmente começa quando se inicia o processo *vida*.

Fecundação é processo de *viver* e *viver* é processo de *morrer*.

Morte e *vida* são fases da Vida indestrutível.

Em cada segundo, na corrente sanguínea, com o nascimento de jovens hemácias, velhos glóbulos vermelhos sucumbem, gastos, renovando a vitalidade orgânica, e o corpo, de ciclo em ciclo, deixa-se substituir por novas formas, sendo respeitado somente o patrimônio das células nervosas, encarregadas da manutenção e conservação das potências basilares da mente.

Por essa razão, a vida além da morte vai sendo programada mediante a vida sobre a Terra e o material com que se edifica a felicidade ou a ruína no Além é o que procede do orbe, onde a mente atuante se converte em oleiro e escriba caprichoso, registrando e construindo no Mundo espiritual as aspirações, desejos, anseios, realizações, que aguardarão o candidato à sobrevivência, mais tarde, em forma de habitação, clima, paraíso, inferno, em cujas fronteiras se demorará...

Respeitando no Espiritismo seus valiosos informes, advertimos os militantes espiritistas, no que diz respeito à conduta, ao modo de vida, aos hábitos mentais, esforçando-se cada qual em lograr a renovação dos painéis íntimos, em cujas telas se fixam os vigorosos caracteres dos desejos, que se converterão em fantasmas ou benfeitores insculpidos na consciência após a desencarnação...

Depoimentos vivos

Em razão da cristalização mental de hábitos negativos e viciosos, nos futuros renascimentos são plasmadas enfermidades de etiologia complicada, que acicatarão o novo veículo carnal, gerando as aflições angustiantes, que roubarão a paz e a alegria do candidato à reabilitação espiritual, meios, também, eficazes para o integral reajustamento nas engrenagens da vida.

Edifiquemos desde logo, mediante o exercício dos hábitos salutares e dos pensamentos harmoniosos, o futuro espiritual, pois que, mesmo a fantasia exagerada não consegue traduzir a realidade do Além-túmulo para aqueles que se acumpliciam com o crime e o erro, considerando que muitas das ignóbeis imagens tidas como fantásticas são transmitidas por vigorosas mentes desencarnadas, portadoras de corações estiolados pela dor e em si desarvoradas...

Situados, como prescreve Allan Kardec, no respeito às diretrizes do Evangelho renovador, apoiados nas Leis de Amor e vinculados ao trabalho que renova incessante e infatigavelmente, melhoremo-nos moral, mental e espiritualmente com acendrado esforço, a fim de que, além do vaso orgânico, o dealbar na Esfera da vida nova se faça com a paz que é o patrimônio dos corações tranquilos e caracteres retos.

JÚLIO DAVID [23]

---

23. O amigo espiritual, muito amado nesta cidade do Salvador, foi, quando na Terra, eminente médico, verdadeiro apóstolo da caridade, prosseguindo, no Além, o ministério de amor e socorro aos sofredores de um plano como de outro da Vida (nota do organizador).

38

ODE À PAZ

Quando alguém é capaz de escutar uma canção que vem de longe, fazendo um profundo silêncio interior.

Quando alguém é capaz de se deitar num relvado imaginário e banir os tormentos do dia a dia das telas do pensamento.

Quando alguém é capaz de, atravessando dificuldades, sorrir com face desanuviada, no meio da rua.

Quando alguém é capaz de estender mão generosa e braço dorido ao transeunte que cambaleia.

Quando alguém é capaz de examinar o passado sem rancor, contemplar o presente sem fel e olhar o futuro sem medo.

Quando se pode meditar nas coisas santas da vida, embora tendo os pés no *rio das dores* e o coração atado às dificuldades do caminho.

Quando se pode tudo esquecer a respeito do mal para do bem somente recordar.

E quando se é capaz de voltar ao ponto de partida para bendizer as mãos que lhe deram água, o coração que lhe ofereceu agasalho, o amor que lhe concedeu pão – este alguém é bem-aventurado!

Mesmo que jornadeie solitário nas trevas do sofrimento.
E que carregue o coração ferido pela urze.
E tenha os pés retalhados pelos acúleos dos caminhos.
E tenha sorvido da amargura a taça inteira.
E do descrédito e da desconfiança recebido pedradas e agressões.

Nele, a paz não guarda o *silêncio* mentiroso das sepulturas, nem a quietude malsã da infelicidade.

Este bem-aventurado logrou a paz.

Tornou-se ação dinâmica e produtora que, no entanto, lenifica de dentro para fora, como a paz que vem de Jesus.

Que nada toma.
Que nada põe a perder.
Que nada aniquila!

Eu te agradeço, mensagem sublime de paz, no turbilhão dos conflitos que me esmagam e na inquietação das necessidades que sepultam as minhas ambições: louvada sejas![24]

Flannagan

---

24. Um ano antes, o irmão Flannagan visitou-nos em lamentável estado de perturbação, quando, então, após o diálogo que mantivemos, externou uma *Ode ao ódio*. Transcorrido esse período, ao encerramento do nosso trabalho de enfermagem espiritual aos desencarnados em sofrimento, com inesquecível entonação de voz, solicitou gravássemos esta bela página, que os nossos benfeitores escolheram para figurar na presente obra (nota do organizador).

39

RESTAURAÇÃO DESDE AGORA

Dedicada a um confrade querido que nos formulou interrogações pessimistas.

Conquanto lhe pareça que o mundo avança para o caos, multiplicam-se, valorosos, os infatigáveis grupos construtores da ordem, do progresso, restauradores da paz.

Você faz comparações entre as tragédias de hoje, alarmantes e contínuas, e as de ontem, escassas e de pequena monta.

Não descure, na sua análise, o crescimento da população, a facilidade e rapidez das comunicações, a complexa máquina das conquistas da atualidade.

Nascer e morrer não representam tragédia: são acidentes naturais da vida. Natural, portanto, que, aumentando a densidade populacional, aumente, também, o obituário desta ou daquela natureza.

Jamais houve na Terra tanto interesse pela pessoa humana. Erguem-se, a cada momento, organizações de classes, entidades religiosas, escolas de variada denominação e governos seriamente preocupados com o homem. Enxameiam agrupamentos socorristas, deste e daquele matiz, inspirados por um sem-número de ideais superiores e guiados por nobres aspirações, disseminando esperança e consolo.

Como é verdade que há muita anarquia, vandalismo e galopam, infrenes, os corcéis dos poderosos que esmagam e apavoram populações inteiras, não há como esquecer igualmente, as entidades mundiais gravemente preocupadas com a paz das nações e a felicidade dos países ainda atrasados e subdesenvolvidos.

Não se atemorize com a aparente noite moral que parece estar dominando a Terra.

Período de transição é fase de renovação e crescimento, estruturando a Era porvindoura, mediante a abrupta mudança de forças arraigadas e poderes incomensuráveis detidos indefinidamente nos mesmos clãs...

A tormenta que devasta bosques também oferece possibilidades às sementeiras de bênçãos.

Assim examinando, você há de convir que o Senhor vela.

Quando se anuncie a hora própria, o Senhor movimentará forças ignotas para a tarefa de reajustamento de homens e civilizações.

Se a invigilância de muitos governos engendra a guerra – inspirados tais governos pela ganância e intempérie moral dos próprios compatriotas – o Senhor ensina, mediante as grandes dores que lhes advêm, convidativas ao respeito à vida, para resguardarem a própria vida.

A lição ética do passado é ensinamento perene para experiências do futuro...

Distenda, você, a semente de luz sobre o seu campo, atendendo a gleba que lhe está reservada e estue de otimismo.

O espírita é alguém austero nos atos e feliz nas resoluções. Onde se demora, esparze bom ânimo, oferece alegria.

Ensina, incansável. Falando aos grupos, assume a responsabilidade das construções mentais em quantos o ouvem; no reduto íntimo renova e colore *clichês* nas mentes que o cercam com o pincel da palavra convincente, compassiva, esclarecedora, paciente, porque haurida nas nascentes cristalinas da Revelação Kardecista.

Conhecendo a linguagem da imortalidade, tudo examina em termos de prosseguimento futuro, agindo, agora, e fazendo o melhor ao alcance, sem pretensão nem acrimônia, isento da morbidez de tudo fazer ou logo concluir.

Vexilário da liberdade de todos, é também companheiro do amor fraterno entre todos. Sempre a postos, sempre em ação superior.

Não se permite lapsos mentais para conexões psíquicas com Espíritos levianos e inescrupulosos, que os há em abundância num plano como noutro da vida, mediante a imaginação em desalinho ou indisciplinada.

Combativo por excelência, não se limita a opinar, aponta o que fazer. Faz o melhor possível, retifica o que deve ser corrigido e passa.

Não acusa insensatamente, não emenda a pretexto de ajudar, nem verbera com azedume ou ironiza com sarcasmo.

Quando, no ontem, eram ridicularizados os espíritas, em desrespeito ao Espiritismo, hoje, quem tenta fazê-lo, expõe-se ao ridículo, em considerando que a força da Doutrina Espírita fez que se tornassem fortes e humildes os seus adeptos, a exemplo de Jesus, o Servidor incomparável.

O Espiritismo está elaborando, mediante a conduta dos espíritas, a ética da renovação espiritual do planeta.

Refaça, portanto, os conceitos em torno da hora presente e seja você aquele que coloca, ao lado dos construtores da Humanidade melhor e feliz, os alicerces do amanhã venturoso, restaurando desde agora os dias de Jesus Cristo entre os homens.

PEDRO RICHARD

40

CRENÇA E CONDUTA

Sou o Padre Ovídio que, na Terra, militei em paróquia próxima desta capital.[25]
Grande alegria me invade a alma, no momento em que posso haurir energias novas, mediante a comunhão convosco.

Em tributo de gratidão pela bondade com que me ouvis, trago-vos a minha experiência como despretensiosa colaboração ao vosso curso de aprendizagem espiritual.

Incontestavelmente a morte não existe! Morrer é trasladar-se de faixa vibratória, prosseguindo-se vivo.

Para o sacerdote que procurou ser fiel à diretriz religiosa a que se filiou, o transpasse apresenta um mundo de surpresas, à medida que se desdobra a Vida imortal, no Além.

Eu mesmo experimentei tais inauditas surpresas ao verificar que a vida não se modificava com a continuação dos minutos. Não defrontei céu de delícias, povoado de anjos, conforme cria, onde o maná generoso mitiga todas as necessidades, tampouco o inferno apavorante que

---

25. Feira de Santana (nota do organizador).

muito divulguei, onde Satã, triunfante, espera quantos lhe caiam nas malhas pelos caminhos da invigilância e da insensatez.

Deparei-me com a vida natural comum, assinalada por pequenas diferenças, somente mais tarde anotadas...

Tive consciência da partida e preparei-me emocionalmente para adentrar-me pelo Paraíso. Todavia, fenômenos singelos assaltaram-me o Espírito recém-liberto: fome, frio, asfixia... permitindo-me a ilusão de que a ruptura dos laços físicos não se processa consoante eu supunha.

Aflito, procurei o templo habitual de orações e, surpreso, verifiquei encontrar-me na *cidade dos mortos*.

Automaticamente, com esforço supremo, dirigi-me ao santuário e, como de hábito, anteriormente, em sua nave singela prosternei-me em rogativa, ante os ídolos da minha contrição. Profundo desespero assenhoreou-se de minh'alma.

As imagens, palidamente clareadas por círios a tremeluzirem, não me podiam atender aos apelos veementes. Lábios cerrados, olhos mortos, cobriam-se de gelada indiferença, deixando-me em estado de aturdimento.

– *Que se passava?* – interroguei, aflito...

Percorri, desesperado, após sair do pequeno templo, toda a cidade-fantasma. Os anjos de mármore, inermes sobre os mausoléus, assemelhavam-se a figuras desanimadas, que me apavoravam com suas expressões de pedra.

Nesse estado de ânimo lembrei-me do Deus compassivo de todas as igrejas, mas sem nenhuma igreja.

Orei, então, como antes jamais orara, com o coração amedrontado e a alma despida, suplicando ajuda em momento tão significativo, em tão grave conjuntura.

Mergulhei na prece luarizante, demoradamente, quando alguém, mui carinhosamente, balbuciou aos meus ouvidos:

— *Ovídio, a vida prossegue. A perda dos andrajos físicos não credencia ninguém à glória se não a conquistou, na Terra, a duras penas.*

A separação do Espírito e da matéria não modela anjos pelo simples romper dos laços, se a alma não se submeteu ao buril da lapidação benfazeja.

Cada um aqui desperta consoante viveu.

Encontras-te na Pátria espiritual.

O trabalho aqui prossegue, sem cessar, sob as mesmas diretrizes, porque o Pai a quem servimos ainda não tem repousado nem cessa de realizar e construir.

Estamos atendendo à tua rogativa, mas, desde logo, prepara-te para ajudar os que dormitam nos leitos da ignorância, perdidos em adorações inoperantes e vazias, longe do vero amor ao Grande Amor não amado.

Tomou-me das mãos e conduziu-me a leito reconfortante em *Casa de Repouso* abençoada, onde me refiz da viagem, readquirindo as percepções e o entendimento lúcido.

Realmente, meus irmãos, os anos que se desenrolaram, de aproveitamento e utilidade, convidaram-me a trocar o culto das imagens pelo acendrado amor às criaturas; a permutar o incenso dedicado aos ídolos, pelo socorro aos abandonados; transformou a água batismal em linfa fluidificada e a prece recitada pela oração silenciosa...

Encontrei, então, a vida como jamais a supusera.

Agora, aqui, junto a vós outros, desejo lembrar-vos de que a meu tempo eu não contei com a excelência do intercâmbio espiritual que hoje desfrutais.

Trazia fechados os olhos sob os selos do dogmatismo, meditando em caminhos estreitos, em limitadas linhas de observação. Verifiquei que não existem doações mesquinhas por parte da Divindade. As concessões graciosas não se justificam. Vigem as leis de equilíbrio em toda parte e fluem como oportunidades generalizadas para todos, acréscimo de misericórdia facultada aos trânsfugas e aos devedores maiores.

A condição de graça, que tanto esposei, era engodo. Não há privilegiados ante o Pai, senão os que se fizeram pela renúncia, amor e abnegação.

Valeram-me, não as orações rotineiras, incessantes, mas as lutas pela construção da Santa Casa de Misericórdia, em homenagem à rainha Leonor, a missionária portuguesa que espalhou sobre a Terra essas dádivas para os sofredores; valeram-me as lutas junto à infância descalça e à velhice rota, aos árduos anos do meu pobre sacerdócio...

As dádivas que a esmola dos fiéis deixou nas salvas, distribuídas em pães, tecidos e modesto cereal por ocasião da *Páscoa do Senhor*, significaram bênçãos que reconheço não merecer.

Nenhum destaque, honraria nenhuma.

A crença não representa muito para o chamado *fiel*, se essa crença operosamente não construir dentro dele o Reino de Deus no qual também habite seu próximo.

O rótulo religioso não credencia o candidato à felicidade eterna, mas, sim, a sua transformação moral, através do bem que faça indistintamente.

Felizes estes dias que viveis, pelo que podeis desfrutar. Nenhum mistério nem anátema algum.

Ao alcance das vossas intenções, possuis as ferramentas, o solo, as sementes e o adubo fertilizante para a vossa plantação de amor na Humanidade.

Aproveitai porque muito será pedido a quem muito haja recebido.

Que a todos o Celeste Dispensador nos conceda Sua bondade, é o que vos deseja o servidor,

OVÍDIO.

41

MISSIVA DE MÃE

Meu tesouro!
Desde que partiste para esse Mundo de esplêndidas delícias, eu contemplava o teu leito pequenino e vazio, através da cortina densa das lágrimas com o coração despedaçado.

Escutava a cada instante a terna melodia da tua voz em cantilena doce e ingênua que me seguia sem cessar.

Muitas vezes, embalada na ilusão de que dormias, preparava os mil carinhos da minha dedicação, e, quando ia ofertar-tos...

Como é dolorosa a aflição dos que ficam na retaguarda, esperando a hora da viagem para o país da ventura, onde se encontra o amor!...

Se à noite fitava as estrelas coruscantes, no infinito, procurava adivinhar qual delas se convertera em ninho de sonhos para te agasalhar. E quando a madrugada espocava em cânticos de rouxinóis e canários, eu me vestia no silêncio da tua ausência para indagar ao próprio coração o porquê da tua partida.

Sem ti o Sol perdeu a cor da sua luz e o sussurro do ar, no arvoredo, imitava, apenas, o lamento do meu próprio sofrer.

Recordo-me, ainda agora, de quando, insone, orei a Deus pela milésima vez, suplicando encontrar-me contigo...

Sonhei que seguia por ignota região de flores e música onde sabia que estavas.

Oh! As alegrias do nosso reencontro!

A própria vida pareceu respeitar nossa união e parou de pulsar...

✦

Já não está vazio o berço que antes te embalava, nem solitário o meu coração.

Não te esqueci, nem jamais te substituirei.

Na minha dor eu perdera os ouvidos para outras dores e na solidão esquecera as *estrelas* solitárias que vagueiam na Terra escura, sem coração algum para recebê-las.

Somente pude entendê-lo depois do nosso encontro nesse abençoado Além.

Guardo a impressão de que me apontaste da Região da Luz, esses pequeninos que jornadeiam nas sombras da orfandade, para quem me pediste amparo.

O meu seio se dilatou, então, e uma imperiosa necessidade de amar, além do meu teto, cresceu em mim, empolgando-me a existência.

Agasalhei por amor de ti, em memória de Jesus, outro anjinho que chorava na noite do abandono e que trouxe consigo para o nosso lar a musicalidade sublime da tua infância, que me fazia falta.

Embora a saudade que ainda me persegue, revejo-te nele e, ao tomá-lo em meus braços, tenho-te outra vez junto ao meu coração.

Também o amo.

Todos os pequeninos são hoje parcelas do meu amor.

A felicidade canta em minha voz e sorri em minha boca. Todavia, filhinho, do augusto seio onde te encontras, ora por mim e pelas mães que vagueiam sofridas pelos intérminos caminhos do desespero, sem conseguirem escutar outros desesperados, que lhes distendem mãos, esperando amparo, a fim de lhes ofertarem em retribuição as joias raras do júbilo pleno.

[...] E se te for possível, leva-me contigo, outra vez, a novo reencontro no encantado rincão da tua atual morada, a fim de que a flor do entusiasmo e da alegria que pretendo doar à excelsa Mãe de todas as mães não emurcheça no meu coração que se demora saudoso, estancando, por fim, as lágrimas que não consigo deixar de verter.

ANÁLIA FRANCO

42

EM PRECE

Mãos unidas e coração alçado ao amor. Mente murmurando aos ouvidos Divinos e todo o ser convertido em círio votivo a clarear por dentro – eis a atitude para a oração.

O homem que ora se alça do abismo propínquo onde se demora aos horizontes claros e longínquos onde se engrandece.

A oração é veículo sutil que transporta, enquanto renova sentimentos e emoções, criando panoramas vivos nos anseios superiores da alma.

Por isso, orar é alar-se.

Quem ora, elabora programas de sublimação.

A prece acalma, reanima e aquece a frieza do ceticismo, inflamando a fé e fortalecendo-a.

A prece é manifestação divina que propicia colóquio íntimo com o Criador.

Quando se ora, esquecem-se as paixões, anulam-se as mágoas, aquietam-se os tumultos nas praias sem fim das necessidades espirituais.

A oração é cofre de luz a derramar as fortunas do amor e da ventura para quem se ergue, em espírito, buscando os ricos pórticos da *caixa-forte* do bem incessante, onde jazem, valiosas.

O homem necessita de orar quanto vibrar e sentir. Orando, a mente encontra roteiro, o Espírito consolação...

Ora, pois, sempre, como recomenda o apóstolo do Senhor.

Ora e solicita bênçãos.

Ora e ilumina a alma.

Ora e agradece as dádivas.

Orar é viver.

Viver é comungar com Deus através da prece, modificando os quadros da existência, para que se registem as mais nobres manifestações do Céu, procurando conduzir o Espírito na Terra.

Quem ora, vive mais em profundidade, porque haure, na prece, as energias vivificantes para prosseguir e libertar-se...

Buscar o Senhor pela oração e senti-lO na oração, eis o intercâmbio salutar em que se diluem as brumas da carne e fulguram as luzes da imortalidade.

Alça-te ao Amor de Deus, orando, e convive com as criaturas, servindo.

Orando, Jesus comungou com o Pai, antes do Calvário, para, amando e perdoando, deixar-se prender à cruz, a fim de seguir os homens pelos tempos sem fim, ensejando a Era Nova no íntimo de cada coração, em sublimes intercâmbios de amor.

Ivon Costa

43

DIFICULDADES E PEDRAS

A extensão do mérito em qualquer labor decorre do esforço desprendido na realização da tarefa. Simbolicamente a dificuldade pode ser comparada às pedras.

Dispondo-se de equilíbrio e prudência para remover o obstáculo, descobre-se o benefício que se pode fruir da dificuldade, quanto, utilizando-se o buril e o martelo, da pedra bruta se pode arrancar a estátua preciosa.

Discernindo-se, para acertar, com habilidade e destreza, converte-se o óbice em motivo de elevação, da mesma forma que, lapidando-se o diamante bruto, se consegue que o Sol reflita nas suas faces a beleza da luz.

Desejando-se realmente atingir a meta, contorna-se o obstáculo, e se constata que tudo quanto se afigurava empecilho faz-se valiosa experiência, à semelhança das pedras que rolando a esmo se arredondam e nos moinhos se fazem mensageiras da produção, triturando sementes.

Quando queremos com Jesus observar para agir com acerto, as dificuldades se convertem em bênçãos.

Será atitude contraproducente parar para reclamar, detendo o passo na semeadura da inutilidade.

A pedra que se não remove faz-se impedimento no caminho.

Aquela, porém, que vai examinada, objetivando-se a consecução do trabalho nobre, faz-se utilidade ou adorno, instrumento de ajuda ou joia a serviço da vida humana.

Ninguém se detenha ante dificuldades.

Respeite-se o obstáculo a fim de transpô-lo.

Observar o impedimento para vencê-lo.

Jesus Cristo, ante a turba ignara de Jerusalém, que O perseguia e malsinava, demonstrou que só o amor poderia converter o ódio daquela gente amotinada e obsessa. A fim de remover as dificuldades íntimas daqueles corações e mentes que teimavam em não compreender as diretrizes do Reino de Deus, deu-se a si mesmo, colocando no Gólgota, desde então, a luz fulgurante que há dois mil anos nos está ensinando a transformar o obstáculo em bênção e a morte em vitória da vida.

Frei Francisco D'Ávila

44

FUGA E REALIDADE

Amigos da Caridade, rogai a Deus pelos desgraçados como eu, os que buscamos voluntariamente a morte, a fuga à responsabilidade e encontramos a vida como flagelo punitivo à rude cobardia em que nos ocultávamos.

Sou suicida e não tenho palavras com que traduza o meu relato.

Amei, na Terra, ou supus amar.

Hoje eu sei que o sentimento de que fui vítima não era o do amor na sua plenitude, mas sim de paixão animal. Ferida nos meus brios de mulher, preferi desertar pela porta mentirosa do autocídio, a enfrentar os dissabores e a realidade que me ensejavam elevação espiritual, caso confiasse no bálsamo do tempo que cicatriza todas as feridas, mas que também ulcera as que os desvairados produzem na alma, quando tentam desvencilhar-se traiçoeiramente dos grilhões materiais a que estão jugulados por outros erros pregressos...

Matei-me e, no entanto, o corpo se negou a libertar-me da vida... Quis fugir, e fui condenada a demorar-me prisioneira, exatamente porque desejei ludibriar as Leis da Justiça Divina...

Casada, surpreendi meu esposo, que era fraco de caráter, com outra mulher e, incapaz de compreender-lhe a debilidade moral, deixei-me alucinar pelo ciúme doentio que alimentava, desgraçando-me irreparavelmente. Ingeri um pesticida em moda, por ódio, porque o suicídio é a forma de os fracos se vingarem de quem os feriu ou supõem por eles terem sido atingidos.

Antes, porém, que se consumasse o apagar da consciência, desejei recuar, em face das dores que me dilaceravam o aparelho digestivo, produzindo-me asfixia, insuportável angústia. Todavia, desta viagem não se retorna com a facilidade com que se inicia.

Ouvia os gritos dos meus filhinhos, via o desespero estampado nas suas faces enquanto eu própria experimentava dilacerantes dores e alucinações...

Os primeiros socorros foram inúteis, tendo a sensação de que minha cabeça se transformava num vulcão, com todo o corpo a arder em chamas devoradoras. Como se não bastasse, acompanhei o corpo à necropsia, sentindo-me viva e experimentando as incursões dos bisturis e instrumentos que me cortavam o corpo.

Não, não há termos para descrever o que eu supunha ser um pesadelo e, no entanto, era apenas o início das dores... Após um tempo sem fim, despertei. Estava encarcerada no túmulo com o corpo em decomposição e não posso traduzir o horror que de mim novamente se apossou. Experimentei a presença dos vibriões nos meus tecidos, enquanto, simultaneamente, desejando morrer, sentia-me presa por tenazes que me amarravam ao cadáver apodrecido e eram mais poderosas do que a vontade débil e vacilante. Não sei quanto tempo penei entre morrendo e vivendo, sem saber exatamente o que acontecia, escutando os gritos que me eram punhais afiados nas carnes doridas da alma...

As vozes dos meus filhos chamavam-me sem que eu pudesse fazer por eles qualquer coisa. É isto um sofrimento selvagem, inenarrável. Depois, quando me consegui libertar dos despojos carnais que me pareciam assumir a forma de um perseguidor inclemente, caí em mãos criminosas de vagabundos, que eram comparsas do mesmo crime. Arrastaram-me como um trapo, entregando-me exausta a uma súcia de malfeitores que me vilipendiaram a dignidade de mulher e me execraram até o último grau, reprochando-me o gesto tresloucado e dizendo-me que aquilo era a morte que eu escolhera... Em vingança contínua, incessante, levaram-me ao lar por várias vezes, a fim de que eu visse o resultado da minha sandice.

Eu, que me matara para não suportar a ideia de saber o meu esposo com outra, agora, no lar que um dia me pertencera, encontrava a punição de vê-lo casado com aquela que fora o motivo indireto da minha desgraça.

Oh! Quantas punições horrendas!

Meus filhos, nas mãos da outra, constituíam o látego que eu me aplicava, vendo-a maltratá-los, por ser ela uma mulher que desejava apenas o conforto e a irresponsabilidade, não as tarefas que o matrimônio naquelas circunstâncias lhe impunha.

[...] E eu era culpada de todas as lágrimas dos frágeis filhinhos deixados em plano secundário. Não mais os suportando, após algum tempo, internou-os à força numa Casa Pia, quando estava ela própria tornando-se mãe.

O remorso, o desespero, numa eternidade, jugularam-me a um fardo de dor incomparável, despertando-me tarde demais.

Agora medito no que fiz e tudo quanto minha imprevidência produziu.

Eu me permitira ser materialista, intelectual, vazia e fofa, devorada pela trêfega vaidade do nada.

Deparo-me, assim desarmada, nesta conjuntura inominável.

Minha mãe, que a tudo acompanhava do Além, rogou misericórdia para mim... E eu, que debandara do lar e da vida que odiara, que desprezara a existência por capricho e vilania devo, agora, voltar aos braços da mulher odiada como sua filha, pelo processo redentor da reencarnação.

Sofrida, marcada, recomeçarei a reparar ao seu lado o meu e o seu crime, na expectativa de, no seu regaço materno, perdoá-la e, junto ao esposo atormentado, conceder-lhe como filha e receber-lhe o indispensável perdão. Na condição de irmã dos meus filhos, com debilidade orgânica e padecendo as dores que infligi, suplicar-lhes em silêncio, misericórdia e compaixão nas condições lamentáveis em que devo recomeçar...

Passaram-se já doze anos desde aquele dia. Logo mais começará para nós um novo dia... Ninguém foge à verdade nem ludibria a consciência: é código da Divina Lei.

Antes de mergulhar no corpo, aqui venho suplicar que oreis por mim e por todos nós, os que preferimos a loucura à esperança e a deserção ao dever.

Deus nos abençoe!

CÂNDIDA MARIA

45

PRECES

Preces que vos alais
Da Terra, luminosas e puras.
Cheias de bênçãos e ais...

Cânticos d'almas nobres,
Inspiradas no bem, na caridade.
Liriais,
Que evolais
Sublimes,
E consolais
Na dor, no desespero, na saudade...

Preces formosas,
Que sois rosas
Do jardim das emoções!

Preces de corações em luto e pranto
Torrencial, dorido. Triste canto
D'almas amarguradas
Quase estioladas,

Que perderam na luta os recursos
Transitórios, não a esperança,
Amparadas em Deus e Sua bonança...

Preces de virgens confiadas,
De mães afervoradas,
Intercedendo por filhos ingratos
Que a ventania das paixões estiola...

Preces de esposos fiéis
Desrespeitados na confiança,
Porém, nobres como círios votivos
Em santuários cativos
Esparzindo luz.
Sois o amparo divino, santo, imaculado
Que um dia lenistes o Crucificado!

Preces de irmãos vergastados
Sob a incúria dos maus,
Pelas dores da vida,
Que não desfalecem na lida,
Sempre afligidos,
Nunca vencidos.

Preces intercessórias,
De socorro,
De misericórdia, de compaixão.
Preces de pura unção
– Monólogos sublimes! –
Preces que santificais,
Preces que acalmais,

No fragor das dores,
Preces dos sofredores,
Vibrai!
Traduzi, dos homens da Terra,
Suas aspirações e suores,
Como as raras e brancas flores
Que medram nos chavascais...

Ó preces da orfandade que vive em sofrimento!
Enxugai-lhes a lágrima, o seu padecimento.
Além da esfera em sombra, há alvorada,
Primavera de eterna madrugada!...

Vós, que diminuis as torpes agonias
Dos trânsfugas das noites, filhos das ventanias,
Sois o hálito celeste, o telefone em luz
Que fazeis o intercâmbio
De todos que oram
Com o Mártir da Cruz.

Quando a noite é sombria,
Sois as estrelas que rutilais belas,
Apontando diretrizes,
Felizes,
Aos que já não podem percebê-las.
Portal de liberdade,
Arrancais da treva da morte
Para a claridade,
Em que o Espírito se afervora
Quando ora.
Preces, que sois baladas da Natureza

Em música de beleza,
Exaltando os Céus e louvando a vida
Colorida.
Preces, pontes de luz entre o homem e Deus!

AMÉLIA RODRIGUES

46

DIANTE DO TRABALHO

Não se pode eximir o homem ao impositivo da Lei do Trabalho.
Para onde se volte, quanto defronte, o que lhe passe pelo crivo da observação, tudo reflete a mecânica divina do trabalho incessante de Nosso Pai, na construção do progresso através dos milênios.

O trabalho consegue o milagre da renovação e do entusiasmo, na função de terapêutica otimista, arrancando do marasmo, a que muitos se permitem, para a dinâmica da ação libertadora.

Normalmente o homem se preocupa por falsas necessidades de repouso. Sabemos, porém, que a variação de atividade faculta valiosa renovação de forças, porquanto mudar de tarefa é, também, eficiente forma de repousar.

Nesse sentido, o trabalho inspirado pelo amor ao próximo se converte numa estrela que aponta rumos de libertação e de paz, concitando à felicidade interior pelo muito que pode produzir em benefício de todos. Assim, o trabalho de iluminação e de consolo aos desencarnados em padecimento é preciosa sementeira de luz, preparando-os para os cometimentos futuros da carne, com a natural diminuição dos problemas que os martirizam desde hoje.

Não foi por outra razão que o Mestre, ante a turba que o acompanhava, lecionando sabedoria e humildade, acentuou com firmeza: *"Meu Pai trabalha até agora e eu trabalho também"* (João, 5: 17).

Respeitemos no trabalho edificante de qualquer porte ou procedência uma das maiores bênçãos de Deus para o nosso equilíbrio interior e operemos sem desfalecimento.

João Cléofas

47

ALEGRIA

A futilidade faz da alegria um acessório para as horas em que tudo parece em ordem, dentro dos padrões convencionais do mundo.

Considera-se feliz o homem quando os negócios prosperam, a família goza de saúde, a residência obedece à moderna arquitetura, os móveis são vistosos, tapeçarias e telas, cristais e louças, prataria e lustres têm famosa procedência. Com isto se torna campeão de felicidade.

No entanto, se o corpo enferma, a bolsa de valores oscila negativamente, a casa rui, acredita-se deserdado da sorte e entrega-se à rebeldia depressiva, agredindo, maldizendo, ferindo...

Se qualquer testemunho moral o convida à meditação, atira-se às lamentações injustificadas ou erige colunas de indiferença, encastelando-se na cólera surda, com que foge à realidade e ao aproveitamento do valor-sofrimento.

Todavia, alegria não é adorno para as horas tranquilas.

O apóstolo Paulo, na sua primeira Epístola aos discípulos da Tessalônica, escrevia jovial, após inúmeras dores: *"Regozijai-vos sempre!"*.

A voz do mensageiro incomparável da Boa-nova é imperativa.

Não admite justificações.

O regozijo não é mensagem exclusiva para os corações ditosos, antes é concessão que todos podem e devem fruir.

Regozijo pelo bem que se faz, pela oportunidade de sofrer em fidelidade a um nobre ideal, pelo resgate de compromissos, pela desoneração de dívidas, pelo ensejo da oração, pela mensagem da saúde do corpo, mas, também, da paz íntima, pelo encontro com a fé, pela bênção da desencarnação que conduz ao Reino da Vida Imortal.

Regozije-se sempre, sim, alegrando-se a toda hora.

A árvore surrada cobre-se de nova folhagem; a terra sulcada reveste-se de verdor; a fonte produtiva torna-se transparente; a noite sombria salpica-se de estrelas; a decomposição de um corpo vitaliza outros corpos, em constante mensagem de alegria com que a Divindade abençoa a Terra, conclamando o homem ao júbilo perene.

Alegre-se, não somente quando tranquilo, mas e principalmente, quando possa crescer, transformando as limitações e dores de hoje em esperança do Reino dos Céus do futuro.

Recorde-se de que o Mestre Excelso da Humanidade, erguido do solo numa cruz ignominiosa e injusta, exaltou a alegria em forma de perdão com que esquecia todas as ofensas recebidas, para retornar, logo mais, numa clara manhã, em imponente e triunfal ressurreição, chamando os desertores e receosos ao seu regaço outra vez.

Alfredo Mercês

48

INIMIGOS E NÓS

O problema da animosidade está vinculado à reciprocidade da sintonia que lhe permitimos.
A chuva vergasta o solo, mas favorece os sulcos abençoados para a semente; a tormenta despedaça a floresta, porém renova a atmosfera; o fogo destrói, no entanto, purifica os metais. Assim, também, as animosidades com que somos visitados...

Se soubermos transformar o petardo mental do ódio, da ira ou da antipatia em utilidade, não nos permitindo devolvê-lo, antes o amortecendo com os para-choques do amor, granjearemos os resultados propícios para uma colheita de bênçãos.

Ocorre que todo inimigo que vemos fora de nós é o reflexo do nosso estado interior, produzindo animosidade em si mesmo.

Por esta razão, o Senhor, lecionando cordura e misericórdia, conclama o homem para fazer a paz com o seu adversário, enquanto ambos estão no mesmo caminho, desde que a desencarnação, interrompendo as vinculações do corpo somático, de forma alguma desarticula as injunções da emotividade.

Os que da Terra partem levando as altas cargas da emoção em desequilíbrio, mantêm-se imantados aos fulcros da idiossincrasia da retaguarda, estabelecendo comércio nefando e degradante, através de dolorosos processos obsessivos.

Da mesma forma, aqueles que da Terra se exilam, liberados pela desencarnação feliz, libram como aves de luz após arrebentarem o ergástulo de cristal nos páramos da consciência ditosa, estabelecendo uma vinculação de amor, por cujos condutos sutis deambulam as altas contribuições da inspiração e do auxílio.

Inimigos desencarnados, sim, pululam, igualmente, fora da esfera objetiva da vida organizada na Terra. Constituem-se, muitas vezes, por aqueles seres em agonia que não conseguem encontrar no próximo a receptividade inditosa que desejam; adversários gratuitos, outros, que anatematizam, invejosos, que gostariam de perturbar-nos a marcha ascensional; grande maioria, porém, é constituída pela larga faixa dos prejudicados de ontem, que, não obstante não nos haver identificado como inimigo na injunção carnal, ao se arrebentarem os laços da matéria, sincronizaram com as ações neles insculpidas pelo pretérito – antenas registrando vibrações negativas que os infelicitam –, e retornam pelo processo da sintonia de que nos tornamos alvo, para afligir-nos e inquietar-nos.

Terapêutica salutar para tal contingência, a conduta irrepreochável, que nos coloca em padrão vibratório superior, possibilitando-nos uma situação de equilíbrio que lhes não faculta as conexões psíquicas perturbadoras com que desejariam alcançar-nos.

Em face de tal procedimento, o Cristo nos concitou ao amor puro e simples a fim de que, nas tarefas socorristas aos desencarnados em tormento, devamos ungir-nos de compreensão, para que haja em nós esse bálsamo, imantado em nossa palavra, em nossa oração e em nossa atitude, neles diminuindo – inimigos em si mesmos e adversários do próximo como preferem ser – as angústias e turbações, fazendo-os candidatos à renovação interior e à fraternidade legítima.

João Cléofas

49

TÉCNICA E ESPIRITISMO

Experimento agradável emoção em face da oportunidade de poder conversar convosco, no singelo reduto oracional, que me faz recordar a formosa casinha de Betânia onde o Mestre frequentemente se hospedava, quando no ministério da pregação. Sinto-me à vontade, utilizando-me de breve pausa entre as comunicações dos sofredores, a fim de entretecermos algumas considerações.

✦

Vive o homem na Terra a voragem ciclópica da Tecnologia.

O ceticismo do século passado já afirmava que a Ciência iria destruir a fé religiosa, fazendo que o Espiritualismo fosse tragado na voragem dos conceitos novos, decorrentes do pensamento como da técnica imediatista.

Vemos, no entanto, exatamente o contrário. A revolução tecnológica não atendeu às reais necessidades do homem, e, em razão disso, o desajuste moral-social criou graves problemas para as comunidades que sofrem hipertrofia dos sentimentos, transformando a Terra em grande presídio ou extenso hospital de atormentados em trânsito.

Os valores legítimos, os que edificam a felicidade integral, parecem esquecidos. Enquanto se aguardava que o Espiritismo soçobrasse nos pélagos crescentes das novas descobertas, defrontamos a Doutrina qual barco seguro sobre as ondas eriçadas das ambições humanas, oferecendo a única estabilidade ora possível, no tumulto moral das tormentas que sopram de todos os lados.

Já pela década de 1850, iludidos pelos conceitos da própria leviandade, o Conde Joseph Arthur de Gobineau asseverava, através de um ensaio literário, que a raça ariana era superior às demais, como se a força, a beleza e o caráter pertencessem às células que constituem determinados biótipos étnicos. Como consequência, a Humanidade recorda os lamentáveis pesadelos de Hitler e seus apaniguados.

Raça alguma, porém, constitui elemento básico para a Civilização. A animosidade que se verifica entre algumas procede das primeiras reencarnações dos Espíritos que lhes utilizaram os elementos genéticos...

O homem tem evoluído culturalmente, sem dúvida, mudando os meios e as técnicas, conservando, porém, os fins belicosos e destrutivos por olvidar-se das reais necessidades que o alçariam às culminâncias da paz e da ventura.

Em todas as classes – não obstante a teimosia dos que dividem as criaturas em grupos – vigem apóstolos como bandidos, heróis como desertores... Possuem os mesmos impulsos de beleza, vigor, idealismo, capacidade de luta.

Sucede que o homem, através da História, ainda não fez a sua perfeita sintonia com os *Dez Mandamentos*, preferindo os códigos transitórios e oportunistas.

Tem havido, sem dúvida, milhões de lares e famílias equilibradas, onde o amor e a excelência dos valores éticos sobrepujaram os atos de barbárie e primitivismo.

As lições do Cristo, no mesmo sentido, ainda não se insculpiram nas mentes nem nos humanos corações.

E é em torno disso que devemos meditar.

O espírita sincero, o que equivale a cristão autêntico, no momento, vê-se constrangido por forças tumultuárias a aderir aos modismos da atualidade, a fim de não ficar ultrapassado e, ao ceder, derrapa em lamentável equívoco. Se concorda, paulatinamente abandona a trilha segura da paz para correr, desarvorado, em busca dos triunfos ilusórios e enganosos do mundo, repetindo as malogradas experiências do passado.

Na confusão das vozes que reclamam desarvoradas, se não vigia, adere, infrene.

Entre os lamentos tormentosos, se se descuida, também se lamenta.

Perturbado pelas conjunturas que o cercam, negativas, se desorganiza, embora prelibando as excelências dos Céus, se turbe nos vapores da emoção desgovernada.

Não obstante ser homem comum, não se pode facultar a vivência das paixões comuns.

A fé que lhe exalta o Espírito, traçando a diretriz firme para a conduta reta, se não se policia com severidade, transforma-se em adorno inútil, que apenas serve de rótulo para as rogativas que dirige aos numes tutelares como se tal fosse suficiente.

Necessário, imprescindível lutar por manter a fidelidade aos postulados espiritistas abraçados. Sofre-se, é verdade, porém, sabendo-se por que se sofre.

Experimenta-se o guante da dor, todavia, possui-se a informação de que a dor é necessidade imperiosa no processo evolutivo.

Sofrem-se perdas, escorrem pelas mãos os valores da fortuna material, no entanto, se está cientificado de que a reencarnação, na Terra, é jornada educativa em que se aprende a fixar as instruções malbaratadas no dia anterior.

Há muito por fazer que deve ser feito.

Não se pode perder tempo em discussões inúteis sobre a política social, certo que se está de que a política do espírita é diretiva evangélica.

Não se deve deter lamentando a oscilação de preços ou reclamando contra a vida, porque informado de que cada um recebe consoante a sua folha de merecimentos, sabe-se, igualmente, que o tempo gasto na lamentação é tóxico que se armazena para autoenvenenamento e propagação do pessimismo.

Cultivemos, assim, a Doutrina Espírita em palavras e atos, não nos deixando contaminar pelos distúrbios gerais, transformando-nos em *cartas-vivas* e legíveis do Evangelho, a fim de que todos possam enxergar em nós a Boa-nova palpitante, qual lâmpada acesa no meio das sombras, clareando caminhos.

Defendamos nossa crença das perturbações do momento e se a técnica nos assalta, gerando em nós receios injustificados, açulando-nos necessidades que jaziam amortecidas, utilizemo-nos das possibilidades da comunicação para difundir a mensagem clara e legítima do Cristo que nos felicita e liberta.

Uma palavra espírita é qual gota medicamentosa sobre enfermidade demorada e lacerante.

Uma página espírita assemelha-se a mapa de segurança para quem está sem rota.

Um livro espírita é luzeiro e segurança capaz de guiar e fortalecer os estremunhados e temerosos, que se debatem sem rumo.

Uma pregação espírita é sementeira aguardando o futuro.

Preguemos e ajamos consoante nos ensinou Allan Kardec, recordando Jesus Cristo, a fim de que o nosso sentimento de fé não se apague, nem bruxuleie.

O mundo tem sede de paz, as criaturas necessitam de fé. A Doutrina Espírita é o barco, o leme e a bússola.

Apresentemos aos que estão perdidos, como já estivemos, as lições espíritas em clima de tranquilidade.

Façamos, portanto, a Medicina preventiva, guardando serenidade em todas as circunstâncias, conservando o equilíbrio em quaisquer situações.

O espírita é alguém revelado, alma esclarecida.

É imprescindível manter o nosso compromisso livremente aceito com Jesus, mesmo que se façam necessários sacrifícios. A vida são experiências das lutas que se armazenam.

Recordando que comunhão com a Doutrina Espírita é comunhão com o Senhor, nenhum receio, tormento algum, conscientizando-nos de que o triunfo, mesmo entre os heróis terrenos, é sempre assinalado, depois, por frustração e insensatez.

Enquanto se continua propugnando que a cultura esmagará a fé, nós, Espíritos e espiritistas, divulguemos, vivamos a Doutrina dos Imortais, recordando que, a sós, Jesus revolucionou o mundo, e que, cada um de nós, emboscando o Cristo no coração, poderá projetar a luz necessária para clarificar as rotas da Humanidade inteira.

CAMILO CHAVES

50

NA DESOBSESSÃO

Em considerando as nossas responsabilidades na tarefa espírita em que nos encontramos engajados, tentando a liberação de graves compromissos, não vemos como dissociar do servidor o serviço, do tarefeiro a tarefa, de modo a situar o operário cristão somente em dias e horas adredemente marcados, a fim de que se desincumba dos misteres que afirma esposar.

Quem se vincula às atividades superiores da vida está sempre em ação operante.

O artista desta ou daquela qualidade não consegue abstrair-se à beleza, em circunstância alguma.

O médico clínico sempre diagnostica a problemática da saúde, mesmo quando não consultado diretamente.

O arquiteto não se subtrai à observação do edifício que depara.

O médium, a seu turno, sempre está em contato com os Espíritos...

O espírita, igualmente, não se pode isolar da convicção, vivendo uma existência dúplice, compatível com a fé e dela cerceado, simultaneamente.

Compromissado com as experiências do socorro mediúnico aos desencarnados, encontra-se, incessantemente, em serviço, porquanto seus pensamentos produzem vinculações com outros pensamentos que dimanam das mentes que operam nas densas faixas da vida física, não obstante fora do corpo.

Exercite a mediunidade, em qualquer das suas expressões, labore no auxílio pelo esclarecimento verbal ou pela terapia da prece, vigie e vigie-se, a fim de manter padrões vibratórios favoráveis aos cometimentos espirituais em que se integra.

O sucesso do trabalho de desobsessão aos encarnados ou entre desencarnados, reciprocamente, culmina na reunião em que se conjugam os grupos que compõem o ministério. Todavia, com regular antecedência, já se realizam as atividades que promoverão tais resultados em clima de êxito ou desacerto.

Difícil operar com cooperadores que se reservam momentos breves para o auxílio fraternal, após tarefas estafantes reservadas ao egoísmo. Como consequência, são comuns os estados de sonolência por estafa, de enfado por indisciplina, de insatisfação por incoerência de comportamento em muitos círculos mediúnicos.

Em tais grupamentos, sem a competente vigilância dos componentes, as defesas se desfazem, e irrompem, em hordas contínuas, grupos de vândalos, asseclas e comparsas espirituais dos que os atraem vigorosamente pelo despautério que se permitem, embora participando de serviço relevante, sob o concurso lenificador da oração...

Sucede, porém, que não se podem improvisar concentração, equilíbrio, serenidade, confiança. Só a mente e o corpo autodisciplinados em regime de continuidade logram a produtiva e operosa psicosfera de harmonia para cometimentos elevados.

A leviandade habitual, a irreverência incessante, a comodidade bem nutrida pelo ócio, a suspeita constante, a mordacidade contumaz dificilmente se desatrelam de quem as cultiva para cederem lugar à responsabilidade consciente, ao respeito ordenado, ao sacrifício pessoal frequente, à confiança irrestrita, à humildade natural, imprescindíveis ao teor mínimo de vibrações favoráveis à intervenção dos bons Espíritos.

Não se forjam momentaneamente atitudes morais edificantes.

Não se promovem servidores perniciosos a posições relevantes, sem perigos graves na máquina em que se localizam no grupo humano.

O membro cristão da colmeia espírita de atividade desobsessiva está sempre observado, em constante intercâmbio psíquico, em contínuo labor espiritual...

Muitos companheiros aludem, no plano físico, à ausência de *sinais* por parte dos Espíritos superiores, nos seus serviços mediúnicos, e dizem-se descrentes... Todavia, esquecem-se de ligar definitivamente as tomadas mentais aos centros de comando das Esferas Elevadas, por estarem em conexão com outros núcleos transmissores, que interferem amiúde, em quaisquer circunstâncias, controlando-lhes as sedes receptoras, sempre interditadas a outras mensagens...

Urgente uma revisão conceptual e imediatas as providências, antes da erupção dos processos obsessivos de longo curso, como ocorre com maior frequência do que se dão conta os insensatos e levianos.

Consciente das responsabilidades abraçadas, cada participante do grupo de desobsessão estruture as vigas do comportamento na dinâmica do Evangelho e torne-se obreiro da paz em nome d'Aquele que é o modelo de todos, a fim de servir bem e com produtividade.

Manoel Philomeno de Miranda

Anotação

Anotação

Anotação

Este livro foi impresso na
LIS GRÁFICA E EDITORA LTDA.
Rua Felício Antônio Alves, 370 – Bonsucesso
CEP 07175-450 – Guarulhos – SP
Fone: (11) 3382-0777 – Fax: (11) 3382-0778
lisgrafica@lisgrafica.com.br – www.lisgrafica.com.br